KB175989

# 중국인의 성과 사랑

# 중국인의 성과 사랑

❚ 김명석 지음

이담
Books

# 이끄는 글

　이 책은 주로 옛 중국인들의 성과 사랑에 관한 내용이다. 옛 중국인들에 관한 자료를 정리하면서 현대 중국인들의 성과 사랑은 어떤지 여러 단상이 떠올랐다. 필자가 대학에 와서 중국을 전공하게 되면서 들은 얘기는 중국 여자들이 한국 여자들보다 개방적이라는 말이었다. 남자들의 말로 개방적이라는 말은 쉽게 잠자리로 데리고 갈 수 있다는 뜻인데, 주로 타이완으로 어학연수를 가던 시절 선배들이 겪은 바이기도 했다. 이후 나는 중국으로 유학을 갔는데 거기서 보고 들은 바만 해도 정말 그런 것 같았다. 우선 중국에서는 짧은 치마를 입고 자전거를 타는 여자들이 많은데 그 와중에 팬티가 보여도 신경 쓰지 않았다. 심지어 길거리에서 다리를 쩍 벌리고 앉아 있는 여자도 흔히 볼 수 있었다. 간혹 월경혈의 흔적까지 확인하며 필자는 경악을 금치 못했지만, 특이한 점은 한국 남자들 외에 중국 남자들은 이런 장면이 익숙한지 아무도 개의치 않는다는 사실이다. 그런데 처음에는 눈 둘 곳을 몰라 하던 한국 남자들도 몇 주 지나면 이런 장면에 익숙해지게 된다. 역시 문화란 상대적인 것인지, 하나같이 '이제는 봐도 별로 동하지(?) 않더라'는 웃음 섞인 고백을 듣기도 했다.

　이에 반해 한국 여자들은 어떻게 하면 멋있게 노출할까 고민하면서, 한편으로는 가리기에 바쁘다. 가슴 파인 옷을 입으면 뭇 남성들이 음흉한 눈으로 쳐다볼까 수시로 가슴팍을 가리고, 미니스커트를 입고 자리에 앉을 때면 짧아진 치맛자락을 끌어 내리기 바쁘다. 남자들의 생각은 어차피 짧은 치맛자락을 끌어 내린다고 허벅지가 가려지지도 않을 텐데, 그럴 바에야 왜 미니스커트를 입느냐는 것이다. 이에 대해 '남들한테 멋있고 날씬한 모습을 보이고 싶을 뿐'이라고 여자들은 대답한다. 그러나 심리학적 분석에 따르면 다르다. 멋 부리려고 입은 미니스커트 사이에 드러난 허벅지를 억지로 가리려는 여성의 행동은 오히려 더 시선을 끌게 된다. 이런 행동은 남들의 시선을 더 의식하기 때문에, 즉 시선을 더 끌고 싶기 때문에 생기는 반응이라는 것이다. 날씬해 보이고자 남들처럼 미니스커트를 입는 한국 여성의 패션은 심리학적으로 남을 따라 하고픈 동조적 욕구(conformity)에서 출발하지만 남들과 다르고 싶은 개성적 욕구(originality)는 서양이나 중국 여성들보다 현저히 떨어지기 때문에 이런 모순이 생기는 것이다.

우리와 달리 서양 여자들은 어차피 골이 파인 옷을 입으면 가슴이 드러나기 마련이고 짧은 치마를 입으면 다리가 드러나기 마련이니 개성 있는 패션을 즐길 뿐, 신체의 노출에는 그다지 신경 쓰지 않는다. 그렇다고 서양 사람들이 한국 여자들이 가리려고 애쓰는 만큼 우리를 조신하고 보수적으로 볼 것이라는 것은 우리만의 착각이다. 서양에서 비키니 차림이나 여성의 가슴 노출은 별것 아니지만 미니스커트는 훨씬 야한 차림으로 여기기 때문이다. 외국의 홍등가 여성들이 하나같이 미니스커트를 입고 있는 것을 보면 한국 여성이 즐겨 입는 미니스커트에 대해 이들이 어떻게 볼지를 짐작할 수 있을 것이다.

이처럼 '섹시함'에 대한 기준은 동시양뿐만 아니라 동양 각국에도 차이가 있다. 한중일 간에도 미인의 평가기준이 약간씩 다르다는데, 한국 여성이 얼굴 미인을 추구한다면 일본 여성은 가슴 미인을, 중국 여성은 각선미 미인을 더 중시한다는 비교도 있다. 또한 신체의 치부에 대한 관념도 동서고금이 다르다. 미국의 어느 소설가는 다음과 같은 재미있는 말을 한 적이 있다.

> "우리가 벌거벗은 프랑스 여자나 미국 여자를 우연히 마주치게 되면 그들은 은밀한 부위를 가릴 것이다. 아랍 여자라면 얼굴을 가리고, 그리스 여자는 가슴을 가리고, 시리아 여자는 무릎을 가릴 것이다. 또한 사모아 여인은 배꼽을 가리고 중국 여자는 발을 가릴 것이다."

따라서 이 책의 내용이 주로 중국인의 성애에 관해 국한되지만 독자들은 모든 것을 상대주의적으로 이해할 필요가 있다. 이를 고려해 필자는 이 책을 쓰면서 가능하면 옛 중국 성문화에서 남성 위주의 성관념을 객관적이고 균형 있게 기술하려고 애썼다. 그것은 중국 문화의 영향이 적지 않은 우리의 성문화를 이해하는 데도 마찬가지일 것이다. 중국의 여인들이 치마 속 팬티가 보이더라도 별로 개의치 않는 것이나 일본 여성들의 국적을 초월한 과감한 애정행각을 벌이는 것도 우리 시각으로 몰상식하게 여겨서는 안 될 것이다. 노출패션을 하고도 여기저기 가리기 바쁜 한국 여자들에 비하면 중국 여자들은 그저 편하게, 원하는 대로 입고 일상생활에 충실할 뿐이다. 그 와중에 치마 속이 언뜻언뜻 보인다고 해서 굳이 이상한 의미를 부여하고 성적으로 개방적이니 하는 것은 우리의 과잉해석일 뿐이다. 한국 남자들의 음흉한 눈빛에도 중국 여자들은 팬티가 드러나도 개의치 않는 당당함을 보여준다.

이에 반해 한국의 여자들은 늘 성적인 피해자들이다. 만원 버스나 지하철에서 엉큼한 남자들에게 추행을 당해도 수치심에 소리 지르지 못한다. 강간을 당해도 남들에게 알려질까 두려워 신고율이 10%도 안 된다고 한다. 그렇다면 중국은 어떨까? 언뜻 개방적으로 보이는 중국 여성들에게 필자가 "중국에도 이렇게 성추행당하는 경우가 있냐"고 물은 적이 있다. 그러자 답은 '없다'였다. 중국 여성의 경우 공개된 장소에서라도 엉큼한 남자의 손길을 느끼면 대뜸 "干什么(깐션머: 뭐 하는 짓이야)?" 하면서 뺨을 후려친단다.

한국 여성의 사회적 지위는 여전히 선진 각국들과 비교할 수 없을 만큼 낮은데 여기에는 사회의 가부장적 분위기뿐만 아니라 주로 어릴 적 가정교육에 기인하겠지만 여성 자신의 고루한 사고방식이 한몫하고 있다. 이제는 성에 관해서 당당히 자신의 의견을 드러낼 수 있어야 한국 여성들은 성적 피해자로서 벗어날 수 있게 되고 사회적 지위도 올라갈 것이다.

이렇게 성에 관해 주도적인 중국 여성들은 인생에서 사랑과 성을 즐기기만 하는 것일까? 사실 중국 여자들이 개방적이라는 말은 한국 남성들의 실제 연애경험에서 나왔는지도 모른다. 온갖 내숭 다 떠는 한국 여자들에 비해 사귀었다 하면 여관으로 직행하기가 더 쉬웠던 모양이다. 그러나 필자의 느낌도 그랬지만 많은 사람들의 말에 따르면 중국의 젊은 남녀들은 우리보다 감정적으로 더 순수하다고 한다. 중국 여자가 쉽게 마음을 주고 몸도 주었다면 감정적으로 더 솔직하기 때문에 그랬을 것이다.

필자는 중국에 유학하던 시절, 로맨틱한 한국 남성들의 유혹에 반해 뜨거운 사랑을 나누다 이별을 겪고 힘겨워하는 일본 여학생들을 본 적이 있다. 장소가 중국인 만큼 한국 남성들의 감언이설에 넘어가 사랑에 빠졌다가 이별의 아픔을 겪는 중국 여성들은 셀 수 없이 많았다. 물론 외국 여성과의 로맨스 때문에 가슴앓이를 한 한국 남성들도 있었을 것이다. 그러나 필자가 내린 결론은 한국 남성 때문에 가슴앓이를 하는 외국 여성이 더 많더라는 것이다. 또 우리가 개방적이라고 생각하는 중국 여성들이, 아니 일본 여성들마저도 한국의 젊은이들보다는 더 때 묻지 않은 '순정'을 간직하고 있더라는 사실이다. 쉽게 만나서 쉽게 헤어지는 세태, 하룻밤 뜨거운 사랑을 나누고 끝내는 일이 유행처럼 번져 가는 요즘, 필자는 옛 중국인의 성과 사랑에 관한 자료를 찾아 정리하면서 언제 어디서나 남녀 간의 자연스러운 감정은 변함이 없음을 확인할 수 있었다.

본고에서는 중국인의 성과 사랑에 관한 일화들을 주제별로 상론하고 있지만 전문가를 위한 문헌 위주의 서술이 아니라 일반인들이 중국 문화에 대한 이해를 높이는 데 목적이 있다. 2003년 필자는 KCU한국사이버대학교에서 온라인 교양강좌로 [중국인의 성과 사랑]을 강의한 적이 있다. 이 책의 원고는 이 강좌의 강의노트가 기본이 되었고 제목도 여기서 따온 것이다. 2010년 현재에는 위덕대학교의 팀티칭 과목으로 개설된 [사랑과 성]에서 성의 문화적 측면을 강의하고 있다. 따라서 이 책은 대학에서 '사랑과 성'에 관련된 과목을 수강하는 학생들의 교양 참고도서로서의 역할도 겸하고 있다. 본서의 1장과 3장에 부록으로 우리나라 문화 속에서 성과 사랑에 관한 내용을 덧붙인 것은 바로 수업 자료로 활용하기 위해서이다. 후기의 형식으로 한중일의 사랑과 성을 비교한 내용을 덧붙인 것도 마찬가지다.

이런 차원에서 인명, 지명 등 여러 고유명사는 중국어 발음이 아니라 가능하면 한국 한자음으로 병기하도록 했고 본문에서 중문 원문은 싣지 않았지만 번역해서 본문 속 인용문으로만 삽입했다. 또한 같은 측면에서 각주도 넣지 않기로 했음을 밝힌다. 이렇게 저술한 이 책의 표기나 내용에 오류가 있다면 전적으로 필자의 책임일 수밖에 없다. 아무쪼록 이 책이 중국의 성애문화에 대한 독자 여러분의 이해를 높이는 데 도움이 되었으면 하는 마음 간절하다. 끝으로 도판의 편집 및 원고작업에 수고하신 한국학술정보(주) 편집부에 감사드리며 이끄는 글을 마치기로 한다.

2011년 1월 17일

# 목 차

# 제4장_ 중국 미녀의 사랑과 성

# 남은 이야기  196

제1장

# 숭배의 성문화

# 제1장 숭배의 성문화

원시인들은 성을 신비롭게 생각하였다. 성숭배는 자연숭배, 조상숭배, 토템숭배 등 3가지가 결합된 것으로 범신론적인 것이다. 원시인들이 사고한 범신론이 지금 시각으로 비과학적으로 보일 수 있겠지만 그것은 당시 인류가 세계를 사고하고 탐색한 것으로 인류 성문화의 기초와 맹아가 되는 의의가 있다. 그러면 중국에서 범신론적인 모태개념은 어떠한 양상인지 살펴보기로 하자.

## 1. 모태개념 – 범신론

### 1) 자연숭배

중국인들은 우주만물에는 氣(기)가 깃들어 있어 이를 움직인다고 여겼다. 구름과 대지는 우주만물의 생식기능을 가진 여성의 질로 보았고 여기에 강한 기능이 깃들어 있다고 믿었다. 황제의 덕은 자손을 번창시키는 것이었기에 많은 배우자(후궁)를 들였고 이는 일부다처제가 생긴 원인 중 하나로 작용했다. 방중술이란 성의 본능을 부당하게 억압하거나 방종하는 일 없이 올바르게 행하면 음양의 이기가 조화를 이루어 불로장수할 수 있다는 도교의 수행법 중 하나인데 이 역시 모태개념과 연관이 있다.

중국의 고전 중에도 이에 대한 서술이 있다. ≪左傳(좌전)≫, <昭公元年(소공원년)>에는 "물, 가뭄, 돌림병 등의 재앙이 있으니 산천의 신을 숭배해야 한다. 눈, 서리, 비, 바람이 제때 있지 않으니 해, 달, 별의 신을 숭배해야 한다"고 했다.

여기서 자연숭배의 대상이 일월성신, 돌, 물, 불, 토지 등 여러 가지임을 알 수 있다. 그것은 자연이 원시인들에게 불가사의한 것으로 보여서일 것이다. 원시인들의 시각에 홍수, 산불 등 물과 불은 무자비한 것이었다. 이들은 대지도 신으로 보면서 숭배하게 되었다. 자연숭배 중 태양숭배는 가장 두드러진 것이다. 이집트의 태양신 라(Ra) 외에 바빌로니아, 인도, 멕시코, 동남아, 폴리네시아, 페루 등 수많은 고대문명에서 태양이 신격화된 모습을 볼 수 있다. 오늘날 중국에서 모택동을 紅太陽(홍태양: 붉은 태양)으로 부르는 것도 과거 태양숭배의 관념과 연관 지을 수 있다.

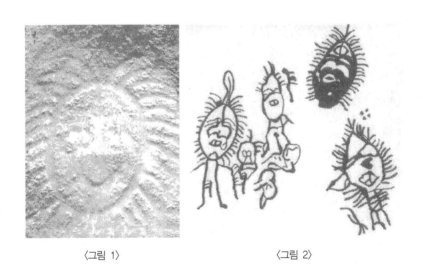

〈그림 1〉                    〈그림 2〉

태양 등 자연숭배는 지금도 중국의 소수민족들에게 남아 있다. 藏族(장족) 중 일부 민족은 하늘에 제사를 지내고 오르곤족은 달에 경배한다. 阿昌族(아창족)은 태양과 달, 貴州(귀주)의 苗族(묘족) 중 일부는 하늘의 유성, 台江(태강)의 묘족은 토지신에 제사를 지낸다. 한편 <그림 1>과 <그림 2>는 태양의 얼굴을 한 모습이 그려진 암벽화로 내몽고 卓子山(탁자산)에서 출토된 것이다. 이 역시 태양숭배와 연관 지을 수 있다.

### 2) 조상숭배

조상숭배는 사람이 죽으면 망령이 존재한다는 원시인들의 관념에서 출발했다. 조상의 혼령이 후손을 보호해 주는 초자연적인 능력을 가지고 있다고 믿은 것이다. 조상을 숭배하는 것은 영혼 불사관념에서 비롯된 것이다. 이것은 지금도 중국 56개 민족의 풍습에 남아 있다. 우리나라의 단군왕검처럼 중국에서 조상숭배의 대상은 창세의 인물이 되기도 한다. 한족의 경우 黃帝(황제), 伏羲(복희), 女媧(여와) 등이 해당된다.

지금도 중국의 곳곳에는 사당에 조상의 위패가 모셔져 있으며 중국인들은 조상의 영혼에 자신들을 보호하고 도와달라고 기도한다. 조상숭배에서 친족의 관념이 생겼는데 부모의 기일에 제사를 지내는 것은 단순한 미신의 차원이 아니라 부모를 추념하기 위해서이다. 여기에도 조상숭배의 관념이 깃들어 있는 것이다.

### 3) 토템(totem)숭배

토템숭배는 한 민족이 일정한 동물, 자연물 등에 친족관계라든지 특수관계를 상정하여 생긴 신앙을 말한다. '토템'이란 북미 인디언의 말로 '그의 친족'이라는 뜻이다. 토템은 씨족의 상징이 되는데 그들을 감싸주고 보호해 주는 역할을 한다고 믿었다. 우리나라의 단군신화가 그렇듯이 토템숭배로 그 씨족은 신화전설을 가지게 된다. 현재 모든 씨족에는 토템이 존재하는데, 토템이 되는 동식물은 대개 죽이거나 먹는 것이 금지되며 이를 숭배하는 제사를 거행한다. 지금도 중국의 소수민족들은 토템을 믿고 있는데 이것은 그들이 미개해서가 아니라 전통적인 풍속으로 토템이 남아 있는 것이다. 오늘날 중국인들이 스스로를 용의 자손이라고 자처하거나 우리가 곰 토템인 단군의 자손이라고 여기는 것도 허황된 미신의 차원이 아니라 현대인이 스스로에게 신비로운 기억과 사색을 재생산하는 역할을 한다고 할 수 있다.

중국의 여러 성씨에서도 토템의 흔적이 남아 있다. 馬(Mǎ), 羊(Yáng), 虎(Hū), 鹿(Lù), 駱(Luò), 龍(Lóng), 貊鳳(Mòfeng), 燕(Yàn), 熊(Xióng)씨에는 동물토템의 흔적이, 葉(Yè), 蒲(Pú), 谷(Gǔ), 柏(Bǎi), 楊(Yáng), 柳(Liǔ), 豆(Dòu), 米(Mǐ), 桃(Táo), 李(Lǐ)씨에는 식물토템의 흔적이 엿보인다. 또 중국에는 賀蘭山(하란산) 암벽화에 토템과 관련한 그림이 많이 보인다.

## 2. 성숭배 1 – 생식숭배

임신이나 출산은 자연스러운 현상이지만 옛사람들은 그것을 신비롭고 불가사의한 것으로 보았다. 인구가 적어서 생산력이 낮은데다 생존환경까지 열악했던 원시사회에서는 번식문제, 즉 생식이 집단 전체의 이익과 관련되고 씨족, 국가의 흥망이나 존속과 관련되므로 중시할 수밖에 없었다.

원시적 성숭배의 내용은 생식숭배, 생식기숭배, 성교숭배 등 세 가지로 나뉘는데 그중 생식숭배가 가장 기원이 길다. 우선 고암화에 나타나는 생식숭배의 흔적을 살펴보기로 하자.

## 1) 고암화

고암화는 고대에 만들어진 암벽화를 의미하는데 그 시대의 현실생활, 풍습을 잘 반영하고 있어서 예술적 표현력, 상상력을 느끼게 한다. 우리나라에도 농경, 어로, 수렵 등을 묘사하는 암벽화가 존재하는데 방목, 성교, 제사 등 다양한 소재를 표현하고 있다.

중국에서 유명한 고암화로는 하란산암화, 新疆(신강) 呼圖壁(호도벽)암화, 陰山(음산)암화, 내몽고 卓子山(탁자산)암화 등이 있다. 중국 암화의 그림은 소박하고 투박하지만 생동감 넘치게 묘사된 점이 특징이다.

〈그림 3〉

위의 그림은 여자가 임신한 모습으로 동심원은 임산부의 배를 상징한다. 중국 고대에서 동심원은 태양을 상징하기 때문에 둥근 모습의 임산부의 배는 태양숭배와도 연관된다. 태양이 둘러싸고 있는 사람의 모습 또는 임산부의 배 모습에서 우리는 고대 중국인들의 표현력을 느낄 수 있다.

한편 아래 그림에서 큰 사람은 어른, 작은 사람은 어린아이로 성기를 노출한 모습이다. 여기에는 다산을 기원하는 염원이 표출되어 있다.

〈그림 4〉

한편 <그림 5>는 남녀의 결합을 중재하는 신령의 모습이다. 과장된 성기를 가진 남성 그리고 아이를 안고 있는 여성의 배에서 후손이 무수히 쏟아져 나오는 모습이 있는 <그림 6>은 인구번성을 의미한다.

〈그림 5〉

〈그림 6〉

## 2) 문물과 상징물

아래의 임신한 여인의 모습은 1982년 중국 遼寧省 喀左懸 東山(요녕성 객좌현 동산)에서 출토된 5000여 년 전의 인형(왼쪽)으로 신석기 紅山(홍산)문화를 대표한다. 여성 신체의 곡선과 자연미를 투박하지만 소박하게 살린 이 여인의 배가 튀어나온 것은 임산부임을 말해 주므로 생식과 연관되어 있다.

한편 오른쪽 사진은 빌렌도르프의 비너스라는 것으로 역시 큰 유방과 엉덩이, 튀어나온 배가 생식, 다산을 상징한다. 이것은 비너스상의 원형으로 구석기시대 말기까지 시대가 거슬러 올라가는데 유럽의 산악지방에서 많이 출토되었다. 나체의 이 여인상에 유방, 복부 등이 극단적으로 과장된 것은 다산의 여신으로서 풍요에 대한 주술적 욕망과 관계가 있다고 볼 수 있다.

〈그림 7〉 요녕성에서 출토된 여인 인형(좌)과
빌렌도르프의 비너스(우)

다음 왼쪽 사진은 신석기 시대의 彩陶蛙紋瓶(채도와문병)으로 개구리
무늬가 특징적이다. 개구리는 배가 튀어나와 있고 알을 많이 낳기 때문
에 이 역시 다산의 상징으로 여겨진다. 그래서 토기에 그려진 개구리문
양은 생식숭배의 흔적으로 볼 수 있다. 한편 오른쪽 사진은 仰韶(앙소)
문화 유물인 魚蛙(어와)문형의 그릇이다. 여기에도 물고기 두 마리와 개
구리 모습이 사실적으로 그려져 있다. 개구리 뱃속에 점이 많이 찍힌 것
은 알을 품고 있는 모습이다. 알을 많이 낳는 것은 물고기도 마찬가지이

〈그림 8〉 彩陶蛙紋瓶(채도와문병)(좌)과 魚蛙(어와)문형의 그릇(우)

다. 그래서 고대의 유물에서 물고기 한 마리는 생식숭배의 의미이고 두 마리는 여성 생식기를 상징하는 것으로 다산의 의미를 띠게 된다.

다음은 서한시대 청동거울인 連弧紋四乳鏡(연호문사유경)이다. 여기에는 여성의 유두 4개를 상징하는 문양이 있다. 오른쪽은 유두 8개의 동한시대 팔유경이다. 그런데 이처럼 청동거울에 유두를 많이 새겨 놓은 것은 무슨 연유일까? 그것은 유두가 자녀를 생육하는 것이기에 여기에 생식숭배의 의미를 담은 것이다.

한편 중국에서 送子觀音(송자관음)은 아들을 점지하는 관음보살로 우리나라의 삼신할머니 같은 역할을 한다. 관음은 대개 두 손으로 합장을 하거나 손에 버들가지와 淨瓶(정병)을 들고 있고 아이 하나를 안고 있기도 한다. 연꽃 위에 앉아 있는 관음의 법력은 무궁무진하여 무소불능한 보살이라고 일컬어진다. 이런 모습 때문에 중국 민간에서는 관음이 아들을 점지할 수 있다고 믿었다. 지금까지도 중국인들은 관음신상 앞에서 향을 사르고 아들을 점지해 달라고 기원한다.

〈그림 9〉 연호문사유경(좌)과 팔유경(우)

〈그림 10〉 送子觀音(송자관음)

　한편 다음 그림은 청동거울로 '다섯 아들이 과거에 급제하다'라는 의미의 '五子登科(오자등과)'가 새겨져 있다. 아들을 많이 낳고 이들이 높은 관직에 오르는 것은 옛사람들의 가장 큰 이상이었다. 그리고 오른쪽 그림은 太極湖(태극호) 마을에서 발견된 벽돌인데 여기에도 비슷한 내용이 있다. 바로 관직에 오른 다섯 아들이 성대한 잔치를 벌이는 모습이 양각되어 있는 것이다.

〈그림 11〉 오자등과 청동거울(좌)과 태극호 마을의 벽돌(우)

## 3. 성숭배 2 - 생식기숭배

### 1) 고암화

왼쪽 그림은 河南 新鄭縣 茨山巖畵(하남 신정현 자산암화)로 여성생
식기의 모습이 과장되게 그려져 있다. 지금으로부터 4000~8000년 전의
것으로 추정된다.

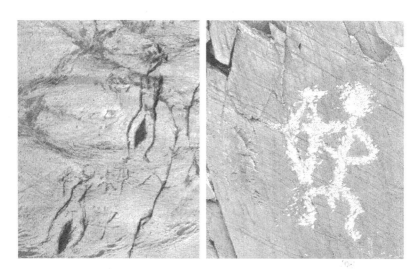

〈그림 12〉 하남 신정현 자산암화(좌)와 활을 들고 사냥하는 모습(우)

오른쪽은 활을 들고 사냥하는 모습인데 남근의 모습이 뚜렷이 드러나
있다. 암화는 춤, 사냥, 방목, 전투 같은 것을 표현하더라도 대부분 우람
한 남근을 드러낸 점이 특징이다.

## 2) 숭배물과 상징물

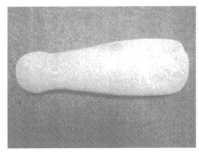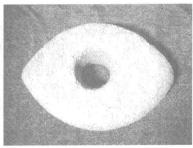

〈그림 13〉 고대 남녀 생식기 유물

오른쪽 사진은 감람형을 하고 있는데 고대 중국에서 흔히 발견되는 감람형 유물은 바로 여성기의 기호였다. 따라서 왼쪽 사진은 남근, 오른쪽 사진은 여근의 모습으로 여기서 고대인들이 생식기를 숭배했음을 알 수가 있다. 생산력이 떨어졌던 고대의 인류들은 항상 각종 재난과 죽음의 위협에 직면해 있었다. 그래서 생식에 대한 갈구가 강렬해지면서 생식에 대한 숭배로 이어지게 된 것이다. 이들은 영아분만의 사실에서 자연스레 성교와 생육의 인과관계에 주목했고 여성생식기까지 숭배하게 되었다. 여성생식기에 대한 숭배는 신석기시대 초기까지 이어졌고 이것은 모계 씨족사회의 가장 주요한 특징 중 하나였다.

이후 생산영역이 확대되고 생산력이 증대되면서 부의 축적이 일어났고 전쟁이 자주 발발하면서 사회가 확대 발전되었다. 동시에 남성의 신체적 우월함은 사회작용에서도 점차 우위를 드러내면서 원시사회에서의 관념에 근본적 변화를 불러왔다. 이에 따라 모계사회는 부계사회로 전환되었으며 남근에 대한 숭배가 중시되었다. 이 시대의 유적지에서 출토된 石祖(석조)에 음경의 귀두가 강조된 데서도 이를 알 수 있다. 원시인들이 남근을 상징하는 기물을 만들 때 음경의 귀두를 드러낸 것은 음경 귀두가 전체 남근을 대표한다고 보았기 때문이다.

이런 생식기숭배 의식은 이후에도 성스럽게 전승되었다. 일례로 중국 황실의 유물 가운데 玉圭(옥규)는 황제가, 玉琮(옥종)은 황후가 지녔던 상서로운 물건이다. 그런데 흥미롭게도 옥규는 남근, 옥종은 여음을 연상시키는 모양을 하고 있다.

한편 雲南 劍川縣 石鐘山(운남 검천현 석종산)에는 11세기

〈그림 14〉 중국의 남근석

五代(오대)에 건립된 석굴이 있다. 여기에는 불상이 여러 개 있는데 여근석도 함께 있어서 신도들이 공양을 드리고 있다. 이 여근석을 白族(백족)은 '阿姎白(아앙백)'이라고 부른다. 그 뜻은 '갓난아이가 나오는 곳'이라는 말이다. 이렇게 사찰에 불상과 여근석이 함께 있지만 이를 신성모독이라고 생각하는 사람은 없다. 백족의 청년남녀들은 이를 신성시해서 아들을 낳기 위해 치성을 드릴 뿐이다. 특히 매년 정월 1년에 한 번 석종산에서 열리는 노래자랑대회 때는 인근에 사는 청년남녀들, 특히

〈그림 15〉 玉圭(옥규)와 玉琮(옥종)

〈그림 16〉石鐘山(석종산) 암자와 아앙백

부녀자들이 와서 무릎을 꿇고 치성을 드린다. 기혼자는 주로 득남을 위해서, 자식이 있는 부부는 더 많은 자식을 낳아 잘 키우게 해 달라는 염원이다. 이들은 향유를 가지고 와서 여근석 위에 바른 뒤 장래 출산이 순조롭고 고통을 덜 수 있게 해 달라고 기원한다.

또 四川(사천)에는 樂山大佛(낙산대불)이 있다. 그 근처에는 산등성이가 이어져 있는데 암벽에 낙산대불만큼이나 큰 와불이 새겨져 있다. 이와불상은 왼쪽에 다리를, 오른쪽에 머리를 두고 누워 있는 형상이다. 그런데 이 와불의 사타구니 부분에는 靈寶塔(영보탑)이 우뚝 솟아 있다.

〈그림 17〉 멀리서 본 樂山(낙산)의 와불과 靈寶塔(영보탑)

왜 옛사람들은 와불의 사타구니 위치에 탑을 세웠을까? 그것은 탑이 사악함을 누른다고 믿었기 때문이다. 탑은 남근숭배의 상징으로 탑의 위력은 남근의 위력이기도 하다. 고대의 탑에 득도한 고승의 사리를 안치했던 것도 탑이 남근의 상징이기 때문에 생식의 영원성처럼 영생불멸하라는 의미가 담겨 있었던 것이다.

### 3) ≪周易(주역)≫의 괘와 문자의 기원

한편 ≪주역≫의 8괘도 생식기와 밀접한 관련이 있다. 20세기 이후 학자들이 ≪주역≫과 8괘의 기원을 연구한 결과 이런 사실을 밝혀냈다. 8괘 가운데 乾(건)과 坤(곤) 두 괘는 곧 양성 생식기의 기호이다. 1927년 周予同(주여동)은 "≪주역≫의 ＝＝는 바로 가장 분명한 생식기숭배 시대의 부호이다. －는 남성의 성기관이고 －－는 여성의 성기관이다"라고 했다. 음양관념은 바로 이런 생식기관의 모양에서 나왔는데, ≪주역≫에서는 남녀의 두 가지 성, 즉 음양을 자연의 일부분으로 보고 남녀 양성의 교합을 자연에 연결시켜 자연과 인간의 변화 원리를 설명한다. 따라서 ≪주역≫에서 양성의 교합은 성교를 의미한다. 예를 들면 주역에 있는 다음 표현들은 모두 남녀의 성교를 뜻하는 것으로 생식문화를 반영하고 있다.

"남녀가 정기를 합하여 만물이 변화 생성한다."
"구름이 가다가 비가 되니 사물의 모습이 흐른다."
"천지가 교접하지 않으면 만물이 흥하지 않는다."

≪주역≫은 이를 통해 우주만물의 생성을 찬미하고 양성의 교접을 천지감응으로 확대해석했으며 인간의 생식행위를 사회, 정치, 도덕의 탄생 및 움직임과 연계시켜 예찬했다.

한편 남근숭배, 여근숭배는 문자의 기원에서도 나타난다. 중국에서 조상 '祖(조)' 자는 남자이름에만 사용되고 여자에게는 '妣(비)' 자를 쓴다. 제사 지낼 때 지방에 쓰는 '妣' 자도 마찬가지이다. 그런데 남녀 조상의 대명사가 된 '祖'와 '妣'는 남근과 여근의 모양에서 나온 것이며 '姚(요)' 자도 여성기의 형상에서 유래했다는 설이 있다. '祖' 자에 들어가 있는 '且'가 무엇을 상징하는지는 의론이 분분하지만 갑골문에 나와 있는 '且'의 모습을 참고할 필요가 있다.

이 그림에서 우리는 남근의 모습을 연상할 수 있다. 이와 달리 은대 사람들은 '且'를 조상의 상징으로 보았다. 당시 조상에 제사 지내는 제기로 쓰였고 지금은 농가의 조상 위패로 사용되는 뾰족하고 기다란 나무 판과 '且'는 그야말로 모양이 똑같다.

〈그림 18〉 갑골문의 '且' 자

商代(상대) 이전에 중국에서는 조상에 대한 숭배가 신에 대한 숭배보다 더 중요하게 여겨졌다. 주로 제사를 지냄으로써 조상을 숭배했는데 이는 생식숭배의 범주에 들어간다. 조상숭배는 이미 돌아가신 조상 자체를 숭배하는 것이 아니라 낳아 주신 조상의 은덕을 기리는 것이다. 조상숭배의 이런 측면에서 조상의 형상이 남녀생식기의 형상을 닮은 이유나 생식관념을 내포하게 된 연유를 알 수 있다. 인간을 만든 女媧(여와)와 伏羲(복희)의 합일에 관한 신화가 남녀의 결합을 의미하듯이 甲骨文(갑골문)에서 '祖' 자가 남성기의 형상에서, '姚' 자가 여성기의 형상에서 유래했다는 설이 나온 이유도 알 수 있다. 결국 생식기숭배는 조상을 대표하며 성기구를 최고의 자리에 놓는 것은 조상을 최고의 자리에 놓는 것으로 성기구 숭배는 바로 조상숭배라 할 수 있다.

지금까지 신석기시대와 商周(상주)시대의 陶祖(도조), 石祖(석조), 玉祖(옥조), 木祖(목조)가 수없이 발견되었지만 이들 '祖'는 남근의 상징물일 뿐 아니라 조상 신령의 의미를 내포하고 있기도 하다. 지금도 중국 곳곳에 석조가 남아 있고 남방 소수민족 지역에서 석조숭배가 보편적으로 이루어지고 있는 현상도 생식숭배와 조상숭배의 유습으로 볼 수 있다.

한편 옛사람들은 '也' 자가 여자의 성기를 상징한다고 보았다. 許愼(허신)의 ≪說文解字(설문해자)≫에 따르면 "也가 女陰(여음)이다"라고 했다. 也가 여성 생식기의 크고 작은 음순과 음핵을 나타낸다는 것은 고문에도 명확하게 드러난다. 也 자는 고문자에서 여러 가지로 쓰여 있는데, ≪古籀滙編(고주회편)≫에 나와 있는 그림을 살펴보면 다음과 같다.

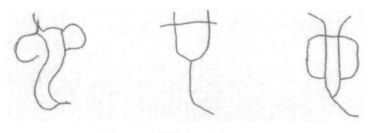

〈그림 19〉 ≪古籀滙編(고주회편)≫의 '也' 자

說文學(설문학)의 시조이며 ≪설문해자≫의 주서 30권을 저술한 段玉裁(단옥재) 또한 이런 허신의 해석에 힘을 실어 주고 있다.

사실 생식숭배와 조상숭배는 고대 인류의 공동체 신앙으로 기물로 성기를 상징하는 것은 고대 인류의 보편적 행위였다. 중국 고대의 생식숭배와 조상숭배는 세계 여타 지역과 비교하면 더 활발히 이루어진 면이 있다. 그 원인은 아마 중국의 黃河(황하)와 長江(장강)이 나일 강, 인더스 강, 티그리스 강, 유프라테스 강과 같이 중국인들에게 현실적으로 큰 풍요로움을 가져다주지 못해서일 것이다. 황하 유역에는 예부터 堯(요),

舜(순), 禹(우)의 治水(치수)에 관한 이야기가 많이 전해져 왔다. 고대인들이 홍수 같은 재난에 직면해 죽음의 위협이 가중될수록 생식에 대한 갈구도 강렬해졌다. 이 때문에 중국 고대에는 생식숭배문화와 조상숭배문화가 성행했던 것이다. 이는 중국 전통문화의 특징이자 중국 고대문명의 기원과 발전의 방향이 고대 서양과 달랐던 중요한 원인이 될 것이다.

## 4. 성숭배 3-성교숭배

옛사람들은 성을 자연스러울 뿐 아니라 대단히 신성한 것으로 보았기에 성교행위까지도 숭배했다. 그것은 성교가 여자에게 임신과 출산을 가능하게 하고 후손을 만들 수 있게 하기 때문이다. 성교는 옛사람들이 평상시에는 결코 느낄 수 없고 형용할 수도 없는 그런 쾌락을 주기 때문이기도 했다. 성교숭배는 인류의 시작부터 비롯되었지만 후대에 금욕주의가 성행하면서 그 의미가 점차 부정되게 되었다.

원시시대의 고암화에는 성교와 관련하여 생동적이고 사실적인 그림을 볼 수 있다. 이런 암화는 옛사람들이 성관계를 중시했고 숭배의 대상으로 신성시했다는 것을 보여 준다. 또한 고대의 석각, 기와부조, 청동기, 도기 등에도 성교숭배의 흔적과 후대에 대한 영향을 적지 않게 볼 수 있다. 옛사람들의 성숭배는 순수하고 자연스러웠다. 후대의 종교에서처럼 성을 죄악시해서 금기시하는 생각은 전혀 가지고 있지 않았다. 원시인들의 성숭배는 현재 우리가 보기에는 미개하지만 그들은 성에 대해서 불순하거나 경건하지 않은 어떤 생각도 하지 않았다. 그렇다면 오늘날 우리는 성숭배에 관해 그 미신적 의미와 편견은 버리되, 성을 존중하고 자연스럽게 여길 필요가 있을 것이다.

## 5. 중국 신화 속의 성숭배

### 1) 여와의 인간창조 신화

오른쪽 사진은 고대 중국의 천지창조 신화에 해당되는 '伏羲女媧圖(복희여와도)'이다. 두 명의 남녀가 뱀처럼 허리 아래의 하반신을 서로 꼬고, 상반신은 서로 어깨를 껴안은 채로 있다. 이 이야기는 ≪十八史略(십팔사략)≫이라는 역사서에 나오는데 ≪列子(열자)≫라는 책에는 복희가 사람의 머리에 뱀의 형상을 지닌 것으로 기록되어 있기도 하다. 복희는 중국의 시조로 일컬어지는 三皇(삼황)의 한 사람이다. 삼황이란 인류에게 문명의 시작을 가능케 해 준 전설적인 중국의 신들로서 伏羲(복희), 神農(신

〈그림 20〉 伏羲女媧圖(복희여와도)

농), 黃帝(황제)를 일컫는다. 그중 신농은 의약과 농업을, 황제는 천둥과 번개를 관장했다고 한다.

한편 '복희여와도'에서 여와는 고장 난 천지를 보수하고 인류를 창조한 여신이다. 신화에 따르면 그녀는 흙으로 인간을 빚어 만들었다. 인간을 빚다가 너무 지쳐서 일을 할 수 없게 되자 진흙탕 속에 새끼줄을 담근 후 휘저으며 그것을 들어 올렸다. 그랬더니 흙탕물이 사방으로 튀었고 사방팔방에 다양한 인간이 만들어졌다. 이렇게 만들어진 인간들은 온전치 못해 인간세상에 빈부의 차이가 생겨나게 되었다.

복희와 여와의 결합은 남매간의 결혼이라 할 수 있다. 이들의 결합은 陽(양)과 陰(음)의 결합을 상징했으나 진한시대에 확립된 음양사상의 영향을 받으면서 급격히 부부관계로 고정되기 시작했다. 그러한 모습은 漢代(한대)의 畵像石(화상석), 즉 돌 위에 그려진 그림을 통해서도 나타나는데 이후에도 시대를 거치면서 반복되어 나타난다. 우리는 복희·여와의 신화를 통해 원시시대 중국에서 사회계급의 분화와 인구과잉 현상, 자연주의 사상 등을 짐작할 수가 있다.

### 2) 혼인의 신 - 高媒(고매)

이후 여와는 '고매', 즉 중매쟁이 신으로 불리게 되었다. 넓은 세상에 진흙으로 인간을 빚어 채운다는 것이 힘들어지자 여와는 인간을 짝지어 주는 방법을 생각해 냈다. 남자와 여자가 짝을 지어 아이를 낳아 기르게 하면 세상이 인간으로 가득 찰 것이라고 말이다. 이렇게 하여 여와는 인간을 만들어 내는 신일 뿐 아니라 혼인을 주관하는 신의 역할까지 맡게 된 것이다. ≪魯史(노사)≫에는 여와가 중매쟁이 신이 되어 제사의 대상이 된 데 대해 다음과 같이 기록되어 있다.

"여와가 사람들을 혼인시키기 시작하면서부터 후세에 나라가 생기게 되었다. 그리하여 사람들은 고매의 신에게 제사를 지내게 되었다."

인간을 창조한 여신인 여와에 대한 제사에서도 모계사회의 흔적이 나타난다. 고매는 자식을 주는 신으로 고매제사에 관해서는 ≪禮記(예기)≫ <月令(월령)>에도 기록되어 있다. 기록에 따르면 仲春(중춘: 음력 2월)에 玄鳥(현조: 제비 등 검은 새)가 이를 때 소나 양, 돼지를 바치는 大牢(대뢰)로 제사를 지냈다고 한다. ≪예기≫에는 이때 천자를 비롯한 황후와 아홉 후궁이 아들을 낳으라는 뜻으로 화살을 주고받는 모습을 기록하고 있는데 그 성대함을 짐작할 만하다. 이 '玄鳥說話(현조설화)'는 殷(은)나라 시조설화에서 유래되었다. 이에 대해 ≪詩經(시경)≫의 <商頌·玄鳥(상송·현조)> 편에는 다음과 같이 기록되어 있다.

"하늘이 玄鳥(현조)에게 명령하니
현조는 내려와 상민족을 낳았네.
이들이 거주하는 은의 땅은 드넓어라.
그래서 帝(제)는 武湯(무탕)에게 명령하네."

한편 司馬遷(사마천)은 ≪史記(사기)≫에서 현조의 알에서 商(상)민족의 선조가 나왔다고 한다. 사마천에 따르면 殷(은)왕조의 시조인 契(설)의 어머니는 융씨의 딸이다. 이름은 簡狄(간적)이라 했는데 帝嚳(제곡)에게 시집가 후비가 되었지만 자식을 낳지 못했다. 그러다가 현조가 오는 날에 고매의 제사에 가서 아들을 점지해 달라 빌고 제비알을 삼켰다. 이것이 바로 현조의 알이었고 그렇게 설을 낳게 되었다는 것이다.

秦(진)의 시조 역시 그의 어머니가 현조의 알을 먹고 탄생했다고 한다. 이런 시조신화는 고구려와 매우 유사하다. 고주몽은 天帝(천제)의 아들이고 모친은 河伯(하백)의 딸 유화부인이었다. 유화부인은 방 안에서 이상한 햇빛을 받은 후 알을 낳았는데, 그 알을 깨고 나온 것이 주몽이다. 이것은 은나라 간적이 현조가 낳은 알을 먹고 은나라 시조 설을 낳았다는 설화와 통하는 것이다.

한편 后稷(후직)의 어머니 姜嫄(강원)은 거인의 발자국을 밟은 뒤 임신했다고 한다. 이것이 '感生帝(감생제)설화'이다.

"태초에 周(주)나라 백성을 낳은 이는 高辛氏 后妃 姜嫄(고신씨 후비 강원)이시라. 백성을 낳으심이 어떠했을까? 정성스레 제사를 받드사

아들 없는 재앙에서 벗어나게 해 달라고 빌고 上帝(상제)의 엄지발자
국을 따라가다가 크고 멈춘 것에 놀라 잉태했네. 더욱 삼가 낳으시고
길러내니 이분이 후직이시라."(≪시경≫ <生民(생민)>)

고매는 郊禖(교매)라고도 하는데 그것은 그녀의 사당이 나라의 郊外
(교외)에 건립되었기 때문이다. ≪漢書(한서)≫ <戾太子傳(여태자전)>에
는 득남을 위해 제사를 지내는 媒宮(매궁)을 세웠다는 기록이 있다. 황
실에서 고매제사를 중시한 것은 자식이 많아야 아버지의 덕이 자신에게
이어지고 황실이 계승된다고 보아서였다. 중국의 황제를 天子(천자: 하
늘의 아들)라고 하는데 그것은 하늘의 뜻을 이어 천하를 다스리는 자라
는 뜻이다. 고대 중국인들은 자기의 덕이 후손에게 이어지기 바라는 뜻
에서 고매제사를 지냈던 것이다. 즉 고매제사를 조상과 후손을 이어 주
는 연결고리로 본 것이다.

그러나 실상은 고매제사가 끝나면 교외에서 청춘남녀들 사이에 자유
로운 성관계를 맺는 일로 이어지기 일쑤였다. 간적과 강원이 고매제사
를 지낸 뒤 임신을 한 것은 명절날의 자유분방한 남녀교제의 결과였는
지도 모른다. 성을 신성시하던 당시에는 이런 일이 전혀 문제가 되지 않
았다. 그러나 후대인들은 자신들의 성인이나 시조가 군혼잡교의 결과라
는 것을 받아들일 수 없었기 때문에 이런 감응탄생 설화를 만들어 내었
을 것이다. 이런 신화와 전설은 동서를 막론하고 셀 수 없을 정도로 흔
하다. 여기서도 자손을 중시하고 조상을 숭배하는 생식숭배가 인류 역
사상 보편적인 일이었음을 엿볼 수 있다.

\* 부록: 한국인의 성숭배 의식과 성풍속

## 1. 우리 전통 속의 성숭배

우리 전통문화 속에서도 성숭배 의식은 쉽게 찾아볼 수 있다. 옛사람들은 성에 관해 입에도 안 올릴 만큼 고루하고 보수적일 거라는 우리의 생각과 달리 우리 전통문화에 나타난 성풍속은 개방성을 지닌 놀이문화의 형태를 띠고 있었다.

중국의 생식기숭배 문화처럼 우리도 마을 입구에 남근석, 여근석, 장승과 솟대 같은 성신앙적 조형물을 설치하고 기도를 했고 洞祭(동제)를 지내기도 했다. 동제란 마을을 지켜 주는 마을신(洞神: 동신)에게 마을 사람들이 공동으로 기원하는 제의를 말한다. 솟대는 나무나 돌로 만든 새를 나무 장대나 돌기둥 위에 앉혀 세워 놓은 마을의 신앙대상물이다.

〈그림 21〉 솟대

경상도 해안 지방에서는 '별신대' 등으로 부르는데 솟대의 장대는 잡귀를 막아 주고, 그 위에 얹힌 새는 풍농을 가져오는 의미이다. 이러한 솟대는 마을의 안녕과 수호를 맡고 농사의 성공을 보장하는 마을신의 하나로 기능했다. 이후 솟대는 풍수지리 사상과 입신양명의 풍조가 확산됨에 따라 과거급제를 기념하기 위한 화주대로 변화 발전된다.

이런 솟대 신앙은 북아시아 여러 지역에서 공통되게 찾아볼 수 있는 현상이다. 솟대는 그 기원이 청동기시대로 소급될 만큼 매우 오랜 역사를 지니고 있고 중국 만주, 몽고, 시베리아, 일본을 아우르는 광범한 지역에 분포된다. 이것은 솟대가 북아시아의 샤머니즘 문화현상으로 그 문화권 안에서 유구한 역사를 지니는 신앙대상물임을 방증해 주는 것이다. 이런 솟대는 과거 전통사회에서 장승과 더불어 마을의 중요한 신앙 대상 중 하나였다. 그러나 오늘날 남아 있는 솟대는 극히 드문 것이 현실이다.

장승도 신앙의 대상이었다. 장승은 나무나 돌기둥의 상부에 사람 얼굴을 그리거나 조각하고 하부에 천하대장군, 지하여장군 등의 글씨를 새기고 거리를 표시하기도 한 神像(신상)으로 보통 남녀 한 쌍이 같이 세워져 있다. 마을 입구나 길가에 세워진 장승은 솟대처럼 민간신앙의 한 형태였다. 한국 마을의 공동체 신앙물 가운데 대표적인 장승은 마을 입구에서 마을로 들어오는 온갖 것들을 감시하며 그중 나쁜 것, 사악한 것들의 출입을 막는 일을 했다. 이렇게 마을의 수호신으로 때로는 이정표의 역할을 한 장승의 분포는 전국적이다. 이런 기능 외에도 장승은 남성성기를 상징하여 임신을 할 수 있게 한다고 믿어지기도 하고, 반대로 장승의 코나 눈을 갉아서 감초와 섞어 삶아 먹으면 낙태할 수 있다는 비방으로 사용되기도 했다. 그 밖에 풍년, 풍어, 건강 등 각자 소원을 성취할 수 있다는 포괄적인 신앙의 대상이기도 했다.

그런데 장승은 마을의 주신이 아니라 하위신이었다. 산신과 서낭신은 마을의 주신으로 당집에나 山頂(산정)에서 제관만 참여한 가운데 엄숙한 유교식으로 제사를 지내지만 장승제는 전 주민의 참여하에 축제적인 분위기로 지냈다. 동제의 하나로 축제적 분위기로 행해진 장승제는 동네의 평안을 빌고 결속을 다지는 데 목적이 있었다. 바로 촌민들이 비용을 각출하고 노동력을 분담해 동참함으로써 마을의 액을 밖으로 내몰아 마을을 정화시키는 데 목적이 있었던 것이다.

　　이처럼 장승은 솟대, 돌무더기, 神木(신목), 서낭당, 선돌 등과 함께 동제복합문화를 이루고 있다. 민중문화의 한 상징으로 장승문화는 속담이나 수수께끼, 설화, 지명 등에도 반영되어 전국에 장승 관련 지명으로 771개소가 전하는 것으로 알려져 있다.

　　우리는 남근석, 여근석, 장승과 솟대 같은 성신앙적 조형물 주변에서 제의 행사를 지낸 데서 성적 의미를 넘어 다산과 풍요를 염원하는 주술적 의미가 활용되었음을 알 수 있다. 우리 조상들은 중국의 경우와 마찬가지

〈그림 22〉 장승

로 성을 단순한 생식의 도구가 아니라 숭배의 대상으로 승화시켰던 것이다.
민간신앙이 불교와 습합한 경우에도 성숭배가 잘 나타난다. 경기도 안
양시 관악산의 三幕寺(삼막사)에는 칠성각이 있는데 마애삼존불이 모셔
져 있다. 마애삼존불은 일광보살, 월광보살을 거느린 熾盛光如來(치성광
여래)이다. 치성광여래는 북극성이고 일광보살은 해, 월광보살은 달을
의미한다. 주로 七星撑畵(칠성탱화)에서 이런 형태가 보이는데 자손의
덕과 수명, 액 막음 등을 기원하는 신앙에서 유래된 것으로 다산신앙이
결합된 것이다. 흥미로운 것은 그 앞에 민간의 대표적인 성기 숭배물인
남근석과 여근석이 서로 붙어 있다는 점이다. 이것은 성을 매개로 한 무
불 습합의 예로 중국 운남의 석종산 암자에 여근석인 아앙백과 불상이
함께 있는 것과 같은 맥락이다.

　전하는 말에 따르면 7세기 신라의 원효가 삼막사를 건립하기 이전부
터 이 남녀근석은 토속신앙의 대상으로 숭배되었다고 한다. 이 바위를
만지면 순조로운 출산을 하게 되고 가문의 번영, 무병장수를 빌면 효험

〈그림 23〉 삼막사의 칠성각과 남녀근석

이 있다고 하여 4월 초파일과 7월 칠석날 등 이름 있는 날이면 전국 각지에서 사람들이 몰려와 촛불과 과일을 차려 놓고 치성을 드린다. 이러한 성기 숭배풍속은 풍농, 풍어, 다산, 무병장수 등의 기원이 한데 얽힌 복합신앙이라 볼 수 있다. 이런 신앙은 선사시대 이래 현재까지도 무속신앙, 풍수신앙, 동제, 미륵신앙 등의 전통 속에 어우러져 있다.

한편 법주사에는 섣달그믐 제석일에 나무로 깎은 남근을 들고 춤을 추는데 이것이 松耳(송이)놀이다. 이 송이놀이에는 다음과 같은 설화가 전한다. 조선조 世祖(세조)가 법주사에 행차하였을 때에 따라온 상궁이 하나 있었다. 그녀는 어느 젊은 승려를 사모했는데 그 뜻을 이루지 못하고 병을 얻어 죽었다. 그 후로 법주사에 있는 젊은 승려가 병에 걸려 죽은 상궁의 원한을 풀어 주기 위해 송이놀이를 한 데서 유래되었다고 한다. 더 구체적으로는 속리산 산중 사람들이 속리산 여신에게 남근을 공물로 바치기 전에 남근을 들고 놀이를 했는데 신당에 바치는 이 의식을 모방한 승려들의 행위에서 출발되었을 것이다. 송이놀이는 다음과 같이 진행된다.

먼저 신을 맞이하여 제사를 올린다. 그러면 미리 준비하고 있던 郡守(군수) 행차가 들어온다. 많은 하인을 거느린 군수는 제단 부근에 있는 兩花樓(양화루)에 좌정한다. 그 후 군수는 吏房(이방)을 불러서 분부하기를 "대부인께 바칠 것이니 어떻게 하든지 큰 놈 하나를 구하여 들여라"고 한다. 이방은 "예" 하고 나갔다가 잠시 후에 다시 들어와서 나무로 만든 고추만 한 남근 1개를 내보인다. "이만하면 쓸 만하온지?" 하고 말하자 군수는 "못 쓰겠다"고 한다. 이방은 또 나가서 가지만 한 남근을 가져온다. 군수가 역시 작다고 물리치면 다시 오이만 한 놈을 가져오는데 군수는 그래도 물리친다. 나중에 이방은 물방아 공이만 한 것을 가지고 와서 물어보면 군수는 그제야 고개를 끄덕이면서 "아쉬운 대로 쓰겠다"고 허락한다. 군수는 마지막으로 가져온 남근을 가지고 "대부인께

〈그림 24〉 속리산 송이놀이

드리겠다"고 하면서 절의 변소로 가지고 가서 한구석에 세워 두고 나온다.

함께 송이놀이에 참가하는 사람들의 웃음을 자아낼 만큼 해학적인 진행과정인데 애써 가져온 남근을 절의 변소에 갖다 놓는 것은 무슨 연유에서일까? 법주사의 송이놀이는 재앙을 막기 위한 주술적 놀이인데 남근인 방아공이를 법주사 신당이 아닌 변소에 갖다 두는 것은 속리산 여신을 모욕하는 것 아닌가? 이는 처음에는 남근을 신당에 바치다가 법주사의 변소에 갖다 두는 것으로 이후에 변형되었다고 추정한다.

결국 법주사의 송이놀이는 속리산 산신제의 뒤풀이인 축제의 놀이라 할 수 있다. 바로 제천의식에서 뒤풀이로 이루어지는 축제인 것이다. 고대 부족국가의 천신제인 부여의 '迎敼(영고)', 예의 '舞天(무천)', 고구려의 '東盟(동맹)'에서 술을 마시고 노래와 춤을 추었다는 것과 마찬가지다. '술을 마셨다'는 것은 잔치이고 '노래하고 춤을 추었다'는 것은 놀이인데 이 잔치와 놀이는 축제의 기본 요소이다. 이런 남근놀이를 반복하는 것은 집단생활의 권리로서였고 태초에 신이 가졌던 신성한 행위, 그 모범적 가치와 기능을 주기적으로 재연하는 것이었다. 법주사는 나무로

〈그림 25〉 영국사 3층석탑과 여근석

만든 남근을 들고 춤을 추는 송이놀이가 벌어지는 성지로서 일상생활과 구별되는 폐쇄된 우주이자 순수한 공간인 셈이다.

특이한 것은 영동의 寧國寺(영국사) 3층석탑 아래에 여자 성기를 새긴 바위가 있는 것이다. 탑은 남근의 상징이므로 여근석 위쪽에 석탑을 세워 놓은 것은 음기를 누르기 위한 것으로 이 경우는 음양의 조화를 위해서라고 할 수 있다.

다음으로는 부근당의 지모신 숭배에 대해 알아보자. 付君(부군) 혹은 付根神(부근신)을 모신 신당을 '부근당'이라고 하는데, 부근신의 성격은 다소 모호하다. 광명신의 의미로 해석하기도 하고 목제 남근을 봉안하는 풍습을 근거로 생산과 관련된 성기신앙으로 이해하기도 한다. 이에 관해 李能和(이능화)는 ≪조선무역고≫에서 나무로 만든 남근은 宋氏(송씨)아가씨를 위해 만든 것이며 부근이라는 명칭이 여기서 생겨났다고 했다. 여기서 付根(부근)의 付는 불, 불알을 뜻하고 根은 남근을 상징함을 유추할 수 있다. 또 이능화는 송씨 아가씨를 '손각시'와 동일시하고 있다. 손각시는 바로 처녀가 죽은 원혼이 악귀로 변한 것인데 다른 처녀에 붙어 다니며 괴롭힌다고 한다. 이능화는 손과 송의 음이 비슷하므로 이를 동일시한 것이다.

〈그림 26〉 부근당 내부

부근당에서는 음이라 할 수 있는 대지신인 사직신에 남성을 상징하는 부근을 바침으로써 음양의 조화를 통한 풍요를 기원하였다. 조선시대에는 궁궐뿐만 아니라 중앙과 지방의 관사, 성균관에서도 사직신을 모셨다. 부근 숭배풍속은 조선 말까지 이어져 통번역을 맡은 외국어교육기관인 사역원에 부근당이 있었고 여기에는 나무로 만든 남근이 공양되어 있었다. 이 밖에 경복궁의 진산인 북악산에 白岳神祠(백악신사)가 설치되어 여신상을 모셨고 남산에 木覓神祠(목멱신사)가 설치되어 남신상을 모신 것도 음양의 조화를 고려한 것이다.

이런 의식은 풍수사상과 접목되어 음택과 양택문화를 만들어 내었다. 양택풍수는 길흉화복을 고려해 살아생전 집터의 위치를 정하는 것이고 음택풍수는 조상의 묏자리를 통해 가문의 번성을 기원하는 것이다. 흥미로운 것은 풍수지리에서 명당이 바로 여성기의 질이 있는 자리라는 것이다. 묘를 쓰는 자리는 바로 자궁으로 연결되는 질이며 풍수지리학에서는 그것을 穴(혈)이라고 표현한다. 정확히 명당은 묏자리가 아니라 묏자리 앞의 穴前(혈전)의 땅을 말하는데 그곳은 바로 대지의 자궁으로

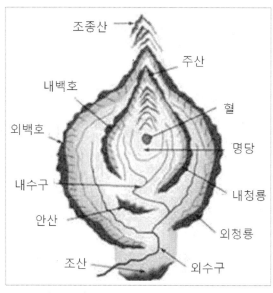

〈그림 27〉 묏자리에 나타난 여성기 숭배의식

들어가는 입구이다. 여기에는 인간이 태어난 그곳으로 다시 돌아가고
싶은 농경문화의 순환론적 사고가 깔려 있다.

혈의 좌우 뒷 켠으로 左靑龍(좌청룡), 右白虎(우백호)가 있는데 세분
하면 外白虎(외백호)와 內白虎(내백호), 外靑龍(외청룡)과 內靑龍(내청
룡)으로 나뉜다. 이것은 바로 여성기의 외음순과 내음순과 일치하며, 主
山(주산)과 玄武頂(현무정)은 음핵에 해당된다. 이 지역은 북방의 水(수)
기운을 맡은 太陰神(태음신)을 상징하는 곳인데, 그 뒤에는 祖山(조산)
이 있다. 이곳은 여성기의 음부에서 복부까지 해당된다. 한편 內明堂(내
명당)은 질구에서 양쪽 내음순이 밑으로 만나는 지역이고, 그곳은 案山
(안산)이라는 낮은 언덕을 이룬다. 外明堂(외명당)은 양쪽 외음순이 만
나서 항문까지 연결되는 평평한 지역과 일치한다. 이런 사실은 수많은
풍수지리 계열의 경전에 있는 내용에서 입증된다. 우리의 상식과는 완

전히 배치되지만 이런 사실은 우리나라의 풍수지리사상이 세계적으로 유례를 찾아보기 힘들 만큼 노골적인 여성기 숭배로 발전한 것임을 말해 준다. 이런 성기숭배는 바로 생산숭배, 즉 자손이 번영하기를 바라는 유교적 가족주의와 결부되어 있는데 중국이나 일본에는 우리처럼 정교하게 발전하지 못했다.

## 2. 우리 전통 속의 성풍속

음양의 원리는 전통풍습에서 예외 없이 적용되어 있다. 지금 우리가 체육대회 때 하는 운동종목 중 하나인 줄다리기도 마찬가지이다. 줄다리기는 첫 번째 만월이 뜨는 날, 음력이 강한 보름달을 중천에 띄워 놓고 남녀가 편을 갈라 싸우는 놀이이다. 여성과 대지신인 地母神(지모신)의 기운을 받아 풍요를 이루겠다는 염원이 담겨 있다. 남자 편과 여자 편, 동부와 서부로 나누어 암줄과 수줄이 밀어 주고 당기면서 승부를 결정하지 않고 즐긴다. 그러나 결과적으로는 암줄이 이겨야 그해에 풍년이 든다고 믿는다. 따라서 대개 여자 편이 이기도록 남자 편이 양보하는 것이 묵계로 되어 있다. 이렇게 암줄의 승리로 귀결되는 데는 대지신인 여신을 즐겁게 하여 풍요와 다산을 이루겠다는 주술적 의미가 담겨 있다. 줄다리기의 암줄과 수줄은 암용과 수용으로 신성시된다. 용은 水神(수신)이며 農神(농신)이다. 곡창지대에서 줄다리기가 성행한 것은 비를 상징하는 용신을 중요하게 여겼기 때문이다.

줄다리기를 할 때는 동부를 남자(수용)로, 서부를 여자(암용)로 정한 후 수용의 도래(고리)를 암용의 도래 속에 끼우고 일탈을 막기 위해 비녀목이라는 큰 나무토막을 끼운다. 비녀목은 수줄을 만든 쪽에서 준비하는데 놀이 도중에 부러지면 수줄을 만든 쪽이 진 것으로 간주한다. 암줄과 수줄, 두 도래가 결합되는 과정은 남녀의 성행위를 그대로 재현하고 있다. 그래서 누구나 스스럼없이 음담을 하고 웃기도 한다. 줄을 만들 때는 여자가 접근하지 못하게 했다. 여자가 타고 넘어가면 줄이 끊어진다고 믿었기 때문에 밤을 새워 지켰다. 한편 상대편 여인들은 줄을 넘어가면 아들을 낳는다는 속설을 믿고 넘어가려고 기회를 엿보았다. 노골적인 음담은 경상도 지역에서 채록된 민요에서 잘 드러나 있다.

부았네 부았네 동부 좆이 부았네
닳았네 닳았네 서부 씹이 닳았네 (동래지방 민요)

좆부터 들이오이소, 씹부터 벌려라.
암놈물 다 쌌다 빨리 들어온나.
좆도 좆같지 않은 게 빨리 들어온나.
좆이 얼마나 힘이 없어 벌려봐도 못 들어오노.
아무리 벌려도 냄비 나름이다, 거 아이래도 찡굴 데 천지다.
봄보지 물 올랐다. 빨리 들온나. (영산지방 민요)

줄다리기는 짧으면 하루, 길게는 사흘까지 이어지는데 줄은 이긴 쪽의 차지가 되는 것이 원칙이지만 승패와 무관하게 공동의 소유가 되기도 했다. 마을 입구의 신목이나 액막이돌에 감아 두거나 짚을 썰어 논밭에 뿌리며 풍년을 기원했다. 지붕에 올려놓으면 아들을 낳고 관운이 트

〈그림 28〉 줄다리기와 고싸움

이며 소를 먹이면 소가 잘 크고 출어할 때 가지고 가면 풍어가 든다 하여 앞다투어 한 움큼씩 가져갔다.

전남 장흥, 강진 지역의 고싸움도 암고와 수고로 하는데 이 역시 풍요와 단결을 기원하는 의식이다. 경기는 7, 8개의 통나무 위에 얹어진 고를 메고 상대편 고와 부딪치면서 행해진다. 일진일퇴를 거듭하다가 고가 땅에 먼저 닿으면 지는 것이다. 고를 만들 때는 암고를 수고보다 크게 만들었는데, 암고가 이기기를 염원했기 때문이다. 역시 암고가 이겨야 풍년이 든다고 믿은 주술에서 유래한다. 결국 줄다리기와 고싸움 모두 주술적 놀이형태로 정착 계승되었으며 성행위를 표현하는 몸짓이 표현되었음을 알 수 있다.

우리 전통사회에서 탈춤은 지배계층으로부터 외면받았지만 기층 민중들의 삶의 애환을 표현하는 수단이었다. 탈춤은 가면을 쓰고 극이 전개되기에 익명성이 보장된다. 이로써 양반에 대한 반항과 풍자, 파계승 풍자, 부부간의 갈등과 서민생활의 실상을 보여 주며 성적 표현도 적나라하게 드러난다. 탈춤의 해학적인 대사는 다분히 현실 비판적이다. 봉산탈춤의 미얄 대목에서 미얄과 영감은 헤어졌다 오랜만에 만난다. 반갑다는 인사가 끝나자 곧바로 격렬한 성행위로 들어간다. 미얄이 영감 위에 앉아 여성 상위로 성행위를 한다. 이것은 바로 남성 중심의 가부장제에 대한 도전을 보여 주는 행위이다. 그런가 하면 영감은 직설적 화법으로 여성의 성기를 묘사한다. 이후 영감이 소실을 데리고 들어오면서 미얄과 영감, 소실 사이에 갈등이 조성된다. 이렇게 조성된 긴장관계는 조선시대 처첩제도의 모순을 잘 드러내 준다. 미얄은 여성에 대한 차별에 정면으로 대들면서 "너하고 나하고 똑같이 번 세간이니 세간을 똑같이 나눠 가지고 헤어지자"고 선언한다. 바로 위자료로 재산의 반을 요구하는 것은 재산상속이 남자 중심으로 계승되던 조선시대 사회모순을 잘 비판하는 대목이다.

한편 봉산탈춤 양반춤 과정에서 말뚝이는 재담으로 양반을 조롱하고 모욕한다. 양반을 찾아다니다 지체 높은 양반부인을 벙거지 쓰고, 채찍 찬 채로 여러 차례 겁탈했음을 공개한다.

> 마나님이 술상을 차리는데 벽장문 열고 목이 길다 황새병, 목이 짧다 자라병이며, 홍곡주, 이강주 내어놓다 앵무잔을 마나님이 친히 들어 잔 가득히 술을 부어 한 잔, 두 잔 일이 삼배 마신 후에 안주를 내어 놓는데……

겁탈 당한 마님이 오히려 성적 만족을 느껴 자신을 극진하게 대접하더라는 자랑을 장황하게 설명한 것이다.

다음으로 우리 춘화, 즉 남녀간의 성적 욕망을 표현한 그림을 통해 옛 사람들의 성풍조와 성의식을 고찰해 보기로 하자.

나라마다 다른 춘화는 문화권 풍습의 차이와 미술 표현양식의 변화까지 엿볼 수 있게 한다. 우리나라 춘화는 당시 최고의 화백이었던 단원 김홍도와 혜원 신윤복의 작품이 대표적이다. 비록 기록에는 없으나 춘화는 고려 후기 중국으로부터 궁궐에 전래되었을 것으로 본다. 고려왕실과 원이 밀접한 관계를 형성하고 있었기 때문이다. 그러나 조선 초 성리학이 국시가 되면서 엄격한 금욕주의가 강요되었고 춘화의 유통은 힘들어졌다. 이후 임진왜란, 병자호란으로 사회적 기강이 해이해지자 춘화의 유통이 늘어났다. 중국 또한 대략 이 시기, 즉 명대 후반에 춘화가 광범위하게 유통된 데 미루어 보면 조선 춘화의 수요층 증가나 성행은 중국과 비슷한 시기에 이루어졌음을 알 수 있다.

김홍도의 그림 '우물가'에는 갓을 벗고 저고리를 풀어 제친 채 가슴을 드러낸 사내가 우물가에서 물을 얻어 마시고 있다. 이 사내의 모습이 어

〈그림 29〉 김홍도의 우물가(좌)와 빨래터(우)

찌나 민망하던지 두레박으로 물을 떠 준 여인은 눈길을 돌리고 있다. 반면에 이 사내는 두레박으로 물을 들이키면서 앞의 여인을 음흉하게 쳐다보고 있다. 사내의 부담스러운 눈길 때문인지 앞의 여인은 눈길을 피하고 우물 속의 두레박만 쳐다보고 있다. 우물을 둘러싸고 있는 세 사람은 서로의 눈길을 통해서 긴밀하게 연관되어 있다. 그런데 오른쪽 머리에 물동이를 이고 물을 길으러 온 펑퍼짐한 여인은 옆으로 돌아선 채 망측해하며 우물가를 떠나는 모습이다. 이런 해학적인 대비 덕분에 이 그림은 더욱더 흥미로워진다.

한편 '빨래터'에는 냇물에서 빨래하는 정경을 묘사했다. 여인들이 아랫도리를 드러낸 채 빨래를 하고 있고 어느 양반이 부채로 얼굴을 가린 채 이 장면을 훔쳐보고 있다.

김홍도의 그림이 은유적으로 해학성을 드러낸다면 신윤복의 풍속도는 더 직설적이다. 다음 그림을 살펴보자.

〈그림 30〉 신윤복의 妓房無事(기방무사)(좌)와 四時長春(사시장춘)(우)

　신윤복의 '妓房無事(기방무사)'는 황당한 상황에 초점을 맞추고 있다. 기생이 서방을 찾으러 왔는데 서방은 기생의 몸종과 사랑을 나누고 있었다. 서방은 당황한 듯 이불로 몸을 가리고서 몸종과 함께 문밖을 내다보는 상황이다. 한편 '四時長春(사시장춘)'은 '사시사철 봄과 같다', 즉 '봄처럼 즐겁게 잘 지낸다'는 뜻이다. 소나무가지가 건물을 살짝 가리고 있는 툇마루 위에는 사내의 신과 여인의 신이 함께 놓여 있다. 방 안에 두 사람이 있음을 짐작하게 하는데 여자의 분홍신은 가지런하지만 남자의 검정 신발은 삐딱하게 놓여 있다. 뭐가 급했는지 신발도 제대로 정리하지 않고 방으로 들어간 듯하다. 어린 소녀는 마당에서 술상을 들고 서서 어쩔 줄 몰라 하는데 미루어 방 안에 무슨 일이 벌어지는지를 짐작하게 한다. 직접적인 성 묘사는 아니지만 은밀한 분위기에서 조선춘화의 은근한 해학이 살아 있는 걸작이라 하겠다.

　이렇게 신윤복의 춘화도는 자연 풍경 속 일상을 서정적으로 묘사하고 있다. 혹자는 이런 조선의 춘화가 절제와 은유 그리고 자연스러움이 특징적이라면 일본 춘화는 사랑 표현의 과장과 극대화가 특징이고 중국은 교본에 가까운 도식적 표현이 특징이라고 한다. 바로 중국 춘화도의 도식성이나 일본 춘화의 과장성과 변별되는 조선의 춘화는 배경의 풍경을 중시함으로써 한 폭의 풍속도 같은 친근감을 준다고 할 것이다. 조선의 춘화 속에는 양반의 일탈행위가 두드러지는 것은 지배층에 대한 비판의식에 기인했을 것이다. 또 승려, 과부, 관료와 기녀 등도 등장하는데 조선 후기 흐트러진 사회의 단면을 보여 주면서 억압된 남녀관계를 꼬집는 것이다.

그러나 조선조 성리학은 개방적 성의식을 금욕적 형태로 전환시켰다. 성애에 대한 금기가 증가하면서 차별적 성의식이 보편화되었다. 남녀관계에 대한 성리학적 규율은 남자보다는 여자에게, 지배층보다는 피지배층에게 보다 엄격함을 강요했다. 남존여비에서 비롯된 남아선호의식은 가정의 책임을 남자들에게만 강요하는 부작용을 낳았다. 이것은 오늘날에도 가장으로서 책임을 혼자 떠맡고 있는 한국 40대 남자의 사망률이 유달리 높은 주요 원인으로 작용한다. 이렇게 억압된 성문화는 양란을 거치면서 변화하기 시작했다. 억눌렸던 민중들의 의식이 점차 표출되면서 조선후기 풍속화에서는 양반의 일탈행위를 꼬집고 풍자하는 해학성이 넘쳐나게 된다. 그러나 다산과 풍요에 대한 염원에서 시작된 성숭배가 조선 후기에는 쾌락과 방종으로 흘러간 측면이 있다.

옛 조상들의 성 풍조를 고찰하면서 발견할 수 있는 흥미로운 사실은 아들을 낳은 뒤 평민여성들이 젖가슴을 드러내고 대로를 활보했다는 것이다. 다음 사진을 보자.

〈그림 31〉 조선 후기 평민여성 사진

男女授受不親(남녀수수불친)의 예교로 양반집 여인이 외출을 할 때는 장옷으로 얼굴을 가려야 했던 당시 분위기에 비추어 보면 이런 파격을 어떻게 해석해야 할까? 평생을 출산과 육아, 가사노동에 시달리면서 한 맺힌 삶을 살아야 했던 여염집 여인들은 아들을 낳은 다음에야 대접을 받았던 것이다. 아들을 낳은 뒤 가슴을 드러내 놓고 다닌 풍습은 바로 시어머니 앞에서, 마을 사람들 앞에서 나도 할 일을 했다는 저항의식의 표출이 아닐까 싶다.

아무튼 지금은 성 개방 풍조가 걷잡을 수 없이 밀려옴에 따라 전통적인 성문화의 진지한 이해가 중시되는 시점이다. 성리학적 예교를 강요당했던 조선시대 지배층을 제외하면 우리의 성문화는 언제나 개방된 장소에서 공개적으로 행해졌다. 그래서 성에 대해서는 수치나 금기보다는 권장과 숭배가 타당한 것으로 인식되었다. 금기도 있었지만 이 또한 광의의 성숭배에 포함된다. 여러 전통문화에서 행해졌던 성적 행사와 언어는 집단 속에 개인이 있고 개인은 집단의 보호 속에 성장한다는 일체감으로 발전되었고 집단문화의 원형이 되었다. 그러나 오늘날 갈수록 심각해지고 있는 성의 상품화는 개인주의와 맞물려 성이 우리의 것이 아니라 개인의 것이라는 인식의 전환을 가져왔고 개인의 성적 일탈을 부채질했다. 전통문화 속의 성을 접하면서 우리는 절제된 상업화와 인간 본연의 성이 회복되기를 바라는 마음을 가져야 할 것이다.

# 환관, 변태와 방중술

# 제2장 환관, 변태와 방중술

## 1. 환관

환관은 거세된 남자로 궁중에서 벼슬을 하거나 권력자 밑에서 부려지던 자를 말한다. 기원전 45세기경 메소포타미아 남쪽 수메르 지방의 '라가시'라는 도시국가에서 성불구자를 궁중 노비로 썼다는 것이 환관에 관한 기록 중 가장 오래된 것이다. 이후 중동지방으로부터 로마, 페르시아, 인도, 중국에도 이 제도가 나타났는데 성불구자를 궁중 노비로 쓰는 지역을 살펴보면 공통점이 나타난다. 목축문화가 발달하여 동물에 대한 거세 경험이 있는 지역 또는 宮刑(궁형)과 같은 거세 형벌이 있는 지역이거나 전쟁이 잦은 지역인 것도 특징이다. 이것은 전쟁 부상자 중에 성불구자들이 자주 나타나는 것과 연관 지을 수 있다. 고대 이집트에서는 전쟁에서 진 쪽 병사들의 고환과 성기를 잘라서 산처럼 쌓아 놓고 승리를 자축했다고 한다. 중국도 초창기에는 적의 포로나 죄수가 환관들의 대부분이었다. 그렇다면 중국에서 환관제도는 역사상 언제부터 시작되었을까?

기원전 1300년경 殷(은)나라 武丁王(무정왕) 때 서쪽지방의 羌人(강인)들을 포로로 잡았다는 기록이 있다. 중국에서 환관은 흔히 内官(내관), 内侍(내시)라고도 부르는데 이들은 물론 거세를 한 남자를 일컫는다.

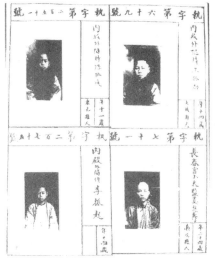

〈그림 32〉 환관 명부와 환관

　거세의 방법으로는 고환이나 성기를 모두 자르기도 하고 하나만 자를
수도 있었는데, 어느 경우에나 신체상의 변화가 일어난다. 환관을 둔 지
배층은 모두 다 자른 완벽한 환관을 더 선호했다고 한다.

　환관제도를 만든 것은 제왕의 혈통을 순수하게 보존하기 위해서였다.
왕이나 권력자 옆에서 시중드는 남성들이 후궁이나 궁녀와의 관계를 의
심받는 혐의를 없애기 위해 아예 남근을 없앤 것이다. 참고로 우리나라
에서는 9세기 신라 흥덕왕 때 宦竪(환수)에 대한 기록이 처음 등장한다.

　　"첫 부인인 장화부인이 세상을 뜨자 정목왕후로 추존하였다. 임금이
　　낙담하여 궁녀를 포함한 어떤 사람과도 만나지 않았는데 임금 주위에
　　는 다만 宦竪(환수) 몇 명만 있었을 뿐이었다."

　여기서 '환수'라는 것은 원래 '더벅머리의 미천한 벼슬자리'라는 뜻이
다. 우리나라에는 중국처럼 죄인을 거세하는 궁형이라는 형벌이 없었기

때문에 사고로 성불구자가 된 남자가 궁중에 노비로 들어갔다. 우리나라에서 본격적으로 환관제도를 시행한 것은 고려 때부터이다. 고려 말 공민왕 때에는 중국의 환관제도를 그대로 도입하여 벼슬도 고위 관직까지 올라갈 수 있게 하였다. 이때 '환수'가 '환관'으로 바뀌게 되는데 '관'이라는 글자가 들어 있는 만큼 제법 높은 관직을 가리킴을 짐작할 수 있다. 물론 이런 직책의 차이가 내시와 환관의 차이점이기도 하다. 한편 중국에서 '태감'이란 내시나 환관의 우두머리를 가리키는 용어로 쓰였다.

환관은 궁에 들어가면 과도한 노역에 종사하면서 태감 우두머리나 주인의 폭력과 욕설을 견뎌야 했다. 이처럼 평생 노예 같은 생활을 하다가 말년에 늙고 병들어 노동력을 상실하면 궁 밖으로 쫓겨났다. 이들이 궁을 나오면 오갈 데가 없어 절에 귀의하는 경우가 많았다.

거세를 한 자는 절단된 음경을 방부처리해서 상자 속에 넣고 밀봉한다. 이것을 방의 대들보 위에 걸어 놓고 '보배'라고 불렀다. 그리고 죽은 뒤에는 이를 다시 몸에 봉합한 뒤 함께 매장했다. 그렇지 않으면 저승에 계신 조상님 뵐 면목이 없기 때문이라고 했다. '身體髮膚, 受之父母(신체발부, 수지부모)', 즉 신체의 머리카락과 피부는 부모에게서 받은 것이므로 훼손해서는 안 된다는 유교적 사고방식으로는 거세를 해서 자손을 끊은 것이 큰 불효에 해당하기 때문이다.

성기를 제거한 환관은 남성으로서의 특성이 사라지고 중성화된다. 수염이 빠지고 음성이 변한다. 이런 불구에 대한 콤플렉스 때문에 재물욕심이 많고 많이 먹었다고 한다. 그래서 젊었을 때는 비만한 체형이 많으나 피부에 탄력이 없고 중년 이후에는 갑자기 살이 빠지기도 한다. 육체적 결함을 의식하여 항상 열등감을 가지며, 강자에 영합하기도 하고 약점을 지적받으면 심한 모멸감을 느껴 때로는 무리를 지어 공격하기도 한다. 남성으로서의 특징이 나타나지 않기 때문에 감정의 기복이 심했다. 성기는 없지만 정신적으로는 성적인 욕구가 남아 있어서 이를 해소하지 못했기에 신경질적이고 괴팍한 면이 있었다.

중국 역사 속에 등장하는 환관은 무수히 많다. 齊(제)나라 때 管仲(관중), 秦(진)나라 때 趙高(조고), 後漢(후한) 때 十常侍(십상시), 당나라 때 高力士(고력사), 李輔國(이보국) 등이 유명하다. 환관은 황제의 동성애 파트너로서 자유롭게 황제의 후궁에 접근할 수 있었기에 궁중 여인들 사이에 진행되는 온갖 뒷공론에 정통했다. 황제가 환관을 철저하게 믿는 경우 기밀을 상의하고 때로 비밀임무를 주기도 했다. 이들이 평상시처럼 말없이 자신의 임무만 충실히 이행하면 별일이 없겠지만, 황제와 가장 가까운 거리에 있는 만큼 변심을 하게 되면 황제를 암살한다거나 왕조까지 바뀌게 되는 일도 생길 수 있었다. 그래서 로마, 페르시아 제국은 물론이고 중국에서도 황제가 바뀌거나 한 왕조가 교체될 때에는 반역의 핵심 인물에 여지없이 환관이 포함되어 있었다.

세계 최초로 종이를 발명한 蔡倫(채륜)이 환관이었고 司馬遷(사마천)은 거세당한 궁형의 치욕을 역사서 저술로 승화시켜 ≪史記(사기)≫라는 불후의 역사서를 만들어 냈다. 또 명나라 영락제 때는 鄭和(정화)라는 환관이 대선단을 인솔해서 7차례에 걸쳐 남해의 여러 나라를 정벌했다고 하는데 일부 중국 학자들은 오스트레일리아, 아프리카는 물론이고 아메리카 대륙까지 갔다고 주장한다. 이런 주장을 그대로 신봉할 수는 없지만 정화가 아프리카까지 간 것은 확실해 보인다. 그것은 중국에 아프리카가 나오는 지도가 남아 있기에 정화의 정벌 빼고는 이를 설명할 수 없기 때문이다. 명나라를 건국한 주원장은 환관이 세력을 키우는 것을 막기 위해 일찍이 '환관금기대고'를 내렸으나 그 역시 환관 魏忠賢(위충현)에 의해 죽음을 맞았고, 청말에는 서태후가 집정할 때 정치에

〈그림 33〉 중국의 마지막 환관 손요정

관여한 환관 安得海(안득해)가 유명하다. 위의 사진은 중국의 마지막 환관 孫耀庭(손요정)의 사진이다. 손요정은 청 선통제 1909년에 환관이 되었고 1996년에 타계했다.

## 2. 이상 성심리와 성행위

### 1) 성전환증과 동성애

중국에서 성전환증에 관한 역사적 기록은 많지는 않으나 戰國(전국) 시기부터 발견된다. ≪荀子(순자)≫의 <非相(비상)>에는 다음과 같은 내용이 있다.

> "군주와 농촌의 소년들이 아름답고 곱게 단장하고 여자처럼 고운 옷으로 치장하고 다닌다. 여자 같은 이들을 부인들이나 처녀들이 모두 신랑으로 삼기를 원하여 집을 버리고 쫓아다닌다."

이 기록에 따르면 여자처럼 꾸미고 다니는 꽃미남들이 당시 여성들에게 인기가 있었던 모양이지만 이들은 여성에게는 이성적 호감을 느끼지 못했다. 스스로를 여자라 생각했던 이들은 성적 정체성이 모호한 상태였다.

흥미로운 것은 羊頭狗肉(양두구육)이라는 고사성어의 유래도 이와 관련되어 있다는 사실이다. ≪晏子春秋(안자춘추)≫ <內篇·雜下(내편·잡하)>에는 다음과 같은 이야기가 전한다.

제영공은 궁녀들을 남장시켜서 데리고 놀았다. 이것이 백성들에게도 퍼져 문제가 되자, 영공은 관리를 시켜 궁 밖에서는 남장을 못 하도록 했다.

"여자로서 남장을 한 자는 그 옷을 찢고 허리띠를 끊는다!"

그럼에도 불구하고 여자들은 남장을 멈추지 않았다. 제영공이 재상 晏嬰(안영)에게 이유를 물었다. 안영은 "전하는 궁내에서 궁녀를 남장시키면서 궁 밖의 백성들에게는 남장을 금하였습니다. 이는 가게 문 앞에 양 대가리를 내걸고 가게 안에서는 개고기를 파는 것(羊頭狗肉)과 같습니다. 전하께서는 어찌하여 궁 안에서부터 그것을 금하지 않습니까? 남장유행이 가시지 않는 것은 이 때문입니다"라고 했다. 이에 제영공이 뉘우치고 궁 안에서 그것을 금지시켰다.

≪순자≫와 ≪안자춘추≫에 나오는 사회현상은 트랜스베스티즘(transvestism)으로 복장도착증이라고도 한다. 이성의 옷을 입고 성적 만족을 얻는 증상으로 극도의 나르시시즘에 기인하는 것이다. 이런 현상에 대해 순자는 세상이 타락한 결과라고 보았다. ≪순자≫ <樂論(악론)>에는 세상이 어지러워지려 하면 옷은 화려하고 사치스러워지며, 남자가 용모를 여자처럼 꾸미며 풍속은 음란해진다는 대목이 있다.

여자가 남장을 하는 경우라면 우리는 프랑스의 잔다르크를 떠올리게 된다. 중국에는 祝英臺(축영대)와 花木蘭(화목란)의 경우가 여기 해당될 것이다. 축영대와 화목란은 전쟁터에서 남성처럼 활약했는데 그녀들의 혈기나 태도가 남성 못지않았기 때문에 가능했을 것이다. 중국에서는 이를 '一文一武(일문일무)'라고 하며 이들이 여성의 지위를 드높였다고 칭송한다. 그러나 전쟁터에서 이들이 남자를 능가하는 활약을 보였다면 남성호르몬이 과다 분비되어 육체적으로 완전히 남성화되었기에 가능했을 것으로 볼 수 있다.

다음으로 동성애에 관해 살펴보자. 전통적으로 중국인들은 가정이라는 울타리 안에서 살았다. 봉건시대의 일부다처제 하에서 자유연애가 억압되다 보니 후궁과 후궁, 첩과 첩, 주인과 몸종 사이에 동성애가 빈번했다. 중국에서 가장 이른 기록은 ≪尙書(상서)≫ <伊訓(이훈)>에 보이는데, 여기에는 벼슬아치나 제왕이 하지 말아야 할 것 중에 '亂風(난풍)'이라는 것이 언급되어 있다. 난풍에는 여러 가지가 있는데 그중 하나가 동성애이다. 한편 역사적으로 동성애를 거론한 첫 번째 기록은 ≪안자춘추≫에 있다. 이 책에 나오는 경공은 용모가 준수했는데 어떤 신하가 경공을 흠모하여 쳐다보았다. 경공은 자신을 감히 쳐다보는 것이 불손하다고 여기고 그를 죽이라고 명한다. 그러나 안자가 경공을 좋아해서 쳐다보았는데 이를 처벌하는 것은 도가 아니라고 권고하자 마음을 돌이킨다. 그러고는 이렇게 말한다.


"만약 그를 깨끗이 목욕시킨다면 내 장차 그로 하여금 내 등이라도 한 번 껴안아 보게 하리라."


여기서 당시 임금이든 신하든 동성애에 깊이 빠져 있었음을 알 수 있는데 춘추전국시대의 자유분방한 성풍속을 알 수 있게 한다. 한편 ≪韓非子(한비자)≫ <說難訓(세난훈)>에는 다음과 같은 이야기가 있다.

衛(위)나라에 彌子瑕(미자하)라는 아름다운 소년이 있었다. 그는 위왕

영공의 총애를 받았는데 어느 날 어머니가 병이 났다는 전갈을 받게 되었다. 미자하는 허락 없이 왕의 수레를 타고 집으로 달려갔다. 당시 허락 없이 임금의 수레를 타는 사람은 刖刑(월형: 발뒤꿈치를 자르는 형벌)을 받게 되어 있었다. 나중에 미자하의 이야기를 전해들은 왕은 오히려 미자하의 효심을 칭찬했다.

"참으로 효자로다. 어머니를 위해 월형도 두려워하지 않다니……."

또 어느 날 미자하는 왕과 과수원을 거닐었다. 복숭아를 따서 한 입 먹어 보니 아주 달고 맛이 있었다. 그래서 왕에게 먹다 남은 복숭아를 맛보게 했다. 왕은 기뻐하며 말했다.

"미자하는 나를 정말로 사랑하는구나. 맛있는 걸 나에게 맛보이다니."

세월은 흘러 미자하의 미색은 빛을 잃었고 왕의 총애도 잃게 되었다. 그러던 어느 날, 미자하가 왕에게 잘못을 저질러 처벌을 받게 되었다. 이때 왕은 지난 일을 떠올리며 이렇게 말했다.

"이놈은 예전에 과인의 수레를 몰래 탔고 또한 먹다 남은 복숭아(餘桃: 여도)까지 과인에게 먹인 적이 있다."

미자하의 행동에는 변한 것이 없었다. 다만 왕의 애정이 식었기 때문에 전에 칭찬받았던 일도 나중에는 죄가 된 것이다. 여기서 餘桃之罪(여도지죄)라는 성어가 생기게 되었다. 해석을 하자면 '먹다 남은 복숭아를 먹인 죄'란 뜻이지만 속뜻은 애정과 증오의 변화가 심한 것을 비유하는 말이다.

이런 동성애에 대해 옛 중국에서는 '龍陽(용양)'이나 '斷袖(단수)'라는 표현을 썼다. 용양은 魏(위)나라 安厘王(안리왕)의 동성애인 이름이다. 그의 아름다운 외모는 여러 후궁들의 미모가 빛을 잃게 할 정도였다고 한다. 그는 어느 날 왕과 함께 낚시를 갔는데 갑자기 눈물을 뚝뚝 흘렸다. 왕이 그 연유를 묻자 용양이 대답했다.

"폐하께서는 큰 물고기를 낚자 조금 전에 잡은 작은 물고기를 놓아주었습니다. 지금은 제가 폐하의 은덕으로 폐하와 함께 지내지만 천하에 미인은 많습니다. 훗날 더 아름다운 사람이 생기면 저를 버리시겠지요."

그러자 왕은 결코 그런 일이 없을 거라 맹세하며 앞으로 다른 미인을 자기에게 추천하는 자는 사형에 처하겠노라 선언했다. 여기서 '용양'은 동성애의 대명사가 되었다.

또한 '단수'는 소매를 자른다는 뜻이다. 西漢 建平(서한 건평) 2년 어느 날 漢哀帝(한애제)는 궁으로 돌아가다 궁궐 앞에 서 있는 御史(어사) 董恭(동공)의 아들 董賢(동현)을 발견했다. 동공은 한애제 劉欣(유흔)이 태자였을 때 太子舍人(태자서인)을 한 적이 있었다. 수년이 지나 다시 보니 동현이 준수한 미소년이 되어 있는 것이 아닌가? 그는 반가움에 그를 董門郞(동문랑)에 임명하고 覇陵令(패능령), 光祿大夫(광록대부)로 천거했다. 이후 동현은 더욱 총애를 받아 駙馬都尉(부마도위: 말을 관리하는 관직) 시중이 되어 궁을 나설 때는 황제의 수레를 함께 타고 궁을 드나들었다. 동현이 20세일 때 애제는 자신의 萬年冢(만년총) 옆에 따로 동현을 위한 무덤 하나를 더 만들게 했다. 자신이 죽은 뒤 저승에서도 함께하기 위해서였다. 22세 때 동현은 大司馬(대사마), 大司徒(대사도), 大司空(대사공) 등 여러 관직을 함께 받아 권세가 황제 못지않을 정도였다. 애제는 심지어 동현을 요순임금처럼 선양시켜 주려고 했다가 대신들의 만류로 철회한 적이 있었다. 또 ≪漢書·董賢傳(한서·동현전)≫에는 다음과 같은 일화도 전한다. 애제가 농담 삼아 대신들에게 "짐은 혈연관계에 얽매이지 않고 (동현에게) 제위를 물려주려 하는데 어떠하오?"라고 했다. 그러자 여러 대신들은 대경실색했다.

그렇게 애제의 총애를 받던 동현은 어느 날 오후 애제의 옷소매를 베고 잠이 들었다. 잠시 후 일이 있어 애제가 일어나려는데 옷소매가 동현의 몸 아래에 깔려 있었다. 애제는 사랑하는 동현을 깨우지 않기 위해 옷소매를 칼로 자르고 일어났다. 여기서 '斷袖(단수: 옷소매를 자르다)'라는 말이 생겨났고 이것이 동성애의 대명사가 되었다.

그러나 이런 남총들은 황제의 애정이 식거나 황제가 죽고 나면 사정이 완전히 달라졌다. 미자하가 총애받던 황제에게 처벌받은 것처럼 애제가 병들자 동현은 입궁이 금지되었고 세상을 떠나자 동현은 권력을 박탈당하고 집에서 처자와 함께 목숨을 끊을 수밖에 없었다. 새로 권력을 잡은 조정의 중신 王莽(왕망)은 동현이 죽은 뒤 직접 동현의 관을 검사해 주검을 확인했을 정도였다.

한대에는 西漢 高祖(서한 고조)부터 東漢 寧帝(동한 영제)까지 황제 10여 명의 동성애기록이 있는데, 이것은 서한에 劉(류)씨 성을 가진 황제 25명 가운데 40%에 달하는 숫자이다. 이처럼 동성애가 자연스럽게 받아들여졌지만 엄격히 말해 황제들은 동성애가 아니라 양성애를 즐겼다. 漢武帝(한무제)는 수많은 후궁들과 즐겼고 동성애 상대자가 5~6명이나 되었다. 한무제는 漢嫣(한언)이라는 친구와 어린 시절부터 동성애적인 우정을 나누었지만 이연년을 특별히 총애했다. 한무제는 이연년과 부부처럼 동거했는데 그의 누이동생 이연과는 양성애를 즐겼다. 그리고 한성제는 조비연 자매에게 빠져 있으면서도 張放(장방), 淳于長(순우장) 등 동성애인을 두었다. 이런 현상으로 미루어 볼 때 황제들이 남색을 즐긴 풍조는 순수한 동성애, 즉 정신적인 사랑이라기보다는 대부분 통치자의 음행에 더 가까워 보인다. 그러나 앞서 잠든 동현을 깨우기 싫어서 소매를 잘랐다는 애제의 고사가 있듯이 음행을 했지만 진정 동성애인을 아끼고 사랑한 경우도 있었다.

≪漢書(한서)≫ <張放傳(장방전)>에는 다음과 같은 내용이 있다. 성제는 자신의 조카딸을 장방에게 시집보내면서 혼수에 금 천만을 보태주었다. 그러면서 성제와 장방은 동거를 했는데, 장방에 대한 성제의 총애가 지나쳤다. 그래서인지 장방은 여러 대신들의 모함을 받았고 태후에 의해 멀리 쫓겨나게 되었다. 성제는 장방과 눈물로 이별을 했고 그 뒤에도 편지를 주고받으며 연락했다. 성제가 죽자 장방은 통곡하다가 따라 죽었다. 후세 사람들은 이를 군신 간 애절한 사랑의 극치라고 했다.

한편 남조 梁(양)나라 제2대 황제는 簡文帝(간문제)인데 그는 시를 즐겨 지었다. 남녀 간의 성애를 섬세하게 묘사하는 시는 물론 동성애를 묘사하는 시도 남겼으니 <變童(연동)>이 대표적이다.

이후 동성애는 명청대에 더욱 기승을 부렸다. 명대에는 동성애가 각급 관리와 서생들뿐만 아니라 서민들 사이에도 확대되었다. 청대에는 기녀뿐 아니라 남창도 성행했으며 남자가 남첩을 두는 경우도 드물지 않았다. 성리학적 예교로 역사상 성억압이 가장 심했던 청대에 동성애가 성행했다는 것은 역설적이다. 여기에는 여러 가지 요인이 있는데 우선 이 시대에 남녀 간의 접촉을 엄격하게 통제하자 어쩔 수 없이 동성을 통해 성욕을 해소한 측면이 있다. 그래서인지 사회적으로도 이성 간의 성행위는 엄격히 통제하는 반면 동성애에 대해서는 관대했다. 또 다른 요인으로는 고대 방중술의 영향을 들 수 있다. 옛날 중국인들은 남자가 여자와 성교하면 양기를 잃어버려 병이 늘고 수명이 준다고 여겼다. 그러나 이에 반해 남자와 남자와의 관계, 즉 동성애는 양기를 소모시키지 않는다고 믿었다. 청대 동성애의 성행에는 이런 생각이 어느 정도 작용했을 것으로 보인다. 당시 남성 간의 동성애에 대해 처음에는 눈살을 찌푸렸으나 점차 익숙해지면서 풍속이 되었고 많은 사람들이 따라 즐겼다고 한다.

옛 중국에서 여자 동성애는 '磨鏡(마경: 마법의 거울)'으로 불리었다. 여성이 서로 마주 보고 애무하면서 성적인 만족을 얻는 모양새가 마치 중간에 거울 하나를 놓고 자위하는 것 같다는 뜻이다. 그런데 중국 역사에서 여자 동성애에 대한 기록은 찾아보기 쉽지 않다. 그것은 남성 중심의 사회에서 사랑과 성을 남성 중심으로 생각해서이다. 여성은 자녀를 출산하고 양육하며 가사노동에 종사하는 도구로 간주되었을 뿐이다. 그래서 여자의 성은 금기시되고 억압되었다. 많은 중국의 남성들은 여자를 무성동물이라고 여겨 여자들 사이에 동성애가 있다고는 믿지도 않았고 그래서 인정하지 않았던 것이다. 그러나 중국 고서에는 분명 이에 대한 기록이 존재한다. 그 최초의 기록은 한무제 때 진황후에서 시작된다. 또 역대 궁녀들 간에도 동성애가 성행했는데 이는 평생을 황궁에 갇혀 독수공방해야 하는 성억압 때문이었다. 그래서 명대에는 궁녀가 태감과 對食(대식)하는 경우도 드물지 않았다. '대식'이란 말도 '동성끼리 마주보며 먹는다'는 의미로 동성애를 지칭하는 용어이다. 또 역시 평생 독신으로 살아야 하는 비구니나 여도사의 경우, 남자와 사통하면 안 되지만 동성애는 교리에 위반되지 않았기에 동성애가 이루어졌다. 이처럼 남성을 접촉할 기회가 없는 여성들은 동성 간의 접촉을 통해 성욕을 해소했던 것이다.

한편 廣東 順德(광동 순덕)에 있었다는 동성애 풍속도 흥미롭다. 이 지역에서는 누에 치는 여자들이 출가하지 않고 여자들끼리 의자매를 맺어 부부처럼 지내는 풍속이 있었다. 이들을 老姑婆(노고파), 누에 치는 곳을 姑婆屋(고파옥)이라 불렀다. 여기서 동성애 풍속이 생긴 데는 연유가 있었다. 그것은 이 지역에서 누에 치는 곳을 성결한 장소로 여겨서 남자들 출입을 금지했기 때문이었다. 이들이 의자매를 맺는 의식을 거행할 때는 시집갈 때 신부의 모습처럼 많은 머리를 빗어 올려 유부녀처럼 만들었다. 그 다음에는 사원 내의 신전으로 가서 여러 사람들 앞에서 수탉을 잡아 피를 마시고 신에게 절하며 의자매의 연을 맹세하였다. 이 풍속을 소재로 만든 영화가 張之亮(장지량) 감독의 <自梳(자소)>(1997)이다.

고대소설에도 여성의 동성애에 대한 기록이 등장한다. ≪금병매≫나 ≪聊齋志異(요재지이)≫ 같은 소설은 물론 ≪홍루몽≫도 그러하다. ≪홍루몽≫에는 藕官(우관)과 藥官(약관)이라는 두 여배우의 동성애가 등장한다. 전통극 공연에서 둘 중 하나는 젊은 남자 역을 맡고 또 하나는 말괄량이 여자 역을 맡았는데 늘 단짝부부로 연기했다. 그러다 서로 사랑의 감정을 느껴 부부처럼 지내게 되었다. 약관이 죽자 우관은 실신할 듯이 슬피 울었다. 해마다 기일이 되면 그녀는 향을 피우며 약관의 제사를 지내 주었다. 그러나 세월이 흘러 蕊官(예관)이라는 여자가 극단을 찾아와 우관을 만나게 되면서 사정은 바뀌게 된다. 이미 약관을 떠나보낸 지 오랜 그녀는 예관에게 사랑의 감정을 느꼈다. 이에 대해 우관은 '아내가 죽으면 남편이 재혼하는 경우가 있지 않느냐'고 말했다.

사실 동성애는 어느 시대, 어느 나라에나 존재했던 현상이다. 동성애에는 선천적 요인도 있고 후천적, 외부환경의 영향 등 여러 요인이 있을 수 있다. 중국과 달리 서양에서는 고대에 동성애를 허용했지만 점차 부정적으로 인식이 변했다. 이후 중세시대에는 죄악시하여 잔혹한 처벌을 가하기도 했다. 18, 19세기에는 동성애를 일종의 병리현상으로 보기 시작했고 20세기 후반에 와서야 이상 성행위가 아니라고 보는 시각이 늘어나고 있다. 과연 그것이 정상적이고 바람직한가 여부는 각자 판단할 일이지만, 서양이나 현대인들의 동성애에 대한 이런 편견과 달리 옛 중국에서는 한 번도 동성애자를 박해하는 야만행위가 없었던 점이 다른 점이다.

## 2) 페티시즘

동성애 외에 성대상이나 성행위 방식에 대한 이상현상도 드물지 않았다. 그러나 이는 동성애보다 훨씬 드물었고, 중국 역사 속에서 대개는 비정상적인 것으로 여겨졌다.

그중 한 예로 '페티시즘'에 관한 기록을 들 수 있다. 성도착증의 하나로 분류되는 '페티시즘'은 인격체가 아닌 물건이나 특정 신체부위 등에서 성적 만족을 얻으려는 취향을 말한다. 사람은 누군가를 사랑하면 그 사람의 물건에 대해서도 애착을 가질 수 있다. 그러나 그 애착이 지나쳐서 사물이 사람을 대신하는 경우라면 병적일 수 있다. 고대 중국의 기록을 살펴보면 삼국시대 劉備(유비)에 관해서 다음과 같은 이야기가 있다. 유비에게는 甘(감)부인, 麋(미)부인, 孫(손)부인 등 세 명의 아내가 있었다. 그중 감부인은 피부가 옥같이 곱고 미모도 아름다워 유비는 그녀를 매우 총애했다. 후에 어느 사람이 높이가 석 자나 되는 옥으로 조각한 미녀상을 유비에게 바쳤다. 유비는 미녀상을 매우 좋아하여 감부인을 껴안아도 미녀상을 함께 가지고 놀았다. 그는 "옥의 귀한 바가 군자의 덕에 비유되는데 하물며 옥인형이라도 가지고 못 놀 일 있겠는가"라고 했다. 그러나 감부인은 말하기를 아직 천하를 통일하지 못했는데 하찮은 노리개에 마음을 빼앗겨서는 웃음거리밖에 안 된다고 권고했다. 유비는 그녀의 말을 듣고 공감하여 이 미녀상을 내다 버렸다.

또 중국 고대신화와 전기소설에는 그림 속에 있는 여인이 걸어 나와 남자의 배필이 되는 이야기가 흔히 등장한다. 唐(당) 於逖(어적)의 ≪聞

奇錄(문기록)≫에는 다음과 같은 내용이 있다. 진사 趙顏(조안)이 화공에게 보잘것없는 병풍 하나를 얻었는데 眞眞(진진)이라는 아름다운 여인이 그려져 있었다. 그 여인을 흠모한 조안이 백 일 동안 애절하게 여인의 이름을 부르고 또 불렀다. 그러자 여인이 응답을 했고, 조안이 百家彩灰酒(백가채회주)를 그림에 뿌리니 여인이 그림 속에서 걸어 나왔다. 여인은 그의 첩이 되어 아이까지 나아 잘 살았다. 그림 속 여인을 보고 100일 동안 이름을 부른 이 이야기에도 페티시즘의 흔적을 찾아볼 수 있다.

또 청나라 袁枚(원매)의 ≪續子不語(속자불어)≫에는 신발에 지나치게 집착하는 이상한 사람에 대해 언급하고 있다. 청나라 采蘅子(채형자)의 ≪蟲鳴漫錄(충명만록)≫에는 이성의 머리카락을 보고 흥분한 사람도 등장하는데 이런 예들도 페티시즘 증상이라 할 것이다.

한편 다른 사람의 배설물에 심취하는 변태행각도 찾아볼 수 있다. 楊衒之(양현지)의 ≪洛陽伽藍記(낙양가람기)≫에는 육조시대의 승려 寶志(보지)가 소변으로 머리 감기를 좋아했다고 한다. 그리고 명대 洪武(홍무)연간에는 宗阞(종륵)이라 불리는 고승이 변 속의 참깨를 밥이나 죽에 섞어 먹었다는 기록이 있다. 한편 ≪金瓶梅(금병매)≫에는 소변을 먹는 변태행위가 등장하기도 한다. 또한 ≪玉芝堂談薈(옥지당담회)≫에는 李棟之(이연지)라는 사람이 남자의 정액 먹기를 좋아했고, 명태조의 막내딸 寶慶(보경) 공주의 남편 趙輝(조휘)는 여자의 월경혈과 질 분비물 먹기를 좋아했다고 한다. 그리고 ≪南史(남사)≫에는 劉邕(유옹)이라는 사람이 다른 사람의 상처딱지가 별미라고 하며 먹기를 좋아했다는 기록도 있다.

이런 이상행위는 대부분 성적 억압이 있을 때 일어난 성도착증이다. 어떤 대상에 자신의 감정을 이입해 성적 억압을 벗어나 쾌감을 느끼고

자 했던 것이다.

### 3) 성도착증

관음증은 성도착증의 하나로 이성의 벗은 몸이나 성행위하는 장면을 관찰하거나 이와 관련된 행동을 하는 것 또 이런 환상에 사로잡히는 것을 가리키는 질환이다. 중국 문헌에 나오는 기록을 살펴보자. 송대 陶穀(도곡)의 《淸異錄(청이록)》에 의하면 오대십국 南漢(남한)의 군주 劉鋹(유창)은 다른 사람이 성관계 갖는 장면을 구경하는 것을 좋아했다. 그는 못생긴 소년을 골라 어린 궁녀와 성관계를 갖게 하거나 건장하고 잘생긴 사람의 옷을 벗겨 후원에서 관계를 맺게 하면서 구경했다. 또 검은 피부의 페르시아 미인을 媚猪(미저: 예쁜 돼지)라 부르며 데리고 다니면서 함께 감상했다고 한다. 한편 前秦(전한)의 侍堅(부견) 역시 궁녀들이 남자와 나체로 궁전 앞에서 성관계를 갖도록 하고 신하들과 함께 그 광경을 구경했다는 기록이 있다. 이 밖에 사람과 짐승 간에 관계를 맺게 하고 이를 구경하며 즐긴 중국의 제왕들이 있는데 이에 관해서는 수간 부분에서 설명하기로 한다.

다음으로 노출증이란 이성에게 자신의 성기나 나체를 보여 주고 희열을 느끼는 성도착증을 말한다. 《情史(정사)》 권17에는 洛陽(낙양)시에 알몸으로 거리를 활보하는 여인에 대한 이야기가 있다. 그녀는 크고 장대한 질과 무성한 음모를 보여 주며 낙양 거리를 돌아다녔다고 한다.

또 楚(초)나라 安某(안모)의 성기는 말의 그것을 방불케 할 만큼 컸다. 그는 자신의 거대한 성기를 보여 주고 구경꾼들에게서 돈을 받았는데 보는 것, 만져 보는 것에 따라 가격을 달리했다.

진나라의 유명한 환관 嫪大(노대)도 성기가 커서 유명했다. 당시에는 행실이 좋지 못한 선비를 毐(애)라 불렀기 때문에 노대는 곧잘 嫪毐(노애)로 불렸다. 그는 음탕한 부인들과 놀아나면서 매끼 밥걱정을 안 할 만큼 인기가 있었다. 한번은 유부녀와 바람을 피우다가 발각되어 관청으로 끌려갔는데, 呂不韋(여불위)가 그의 거대한 물건을 아깝게 여겨 구해 냈다는 웃지 못할 이야기가 있다. ≪史記(사기)≫ <呂不韋列傳(여불위열전)>의 기록에 의하면 여불위는 노대로 하여금 양물에 오동나무로 만든 수레바퀴를 걸고 여러 사람 앞에서 돌리도록 했다. 거양의 사내가 양물에 수레바퀴를 걸고 돌리더라는 믿기지 않는 소문이 널리 퍼졌다. 이 소문은 금세 궁에까지 들어갔고, 여불위는 그를 이용한 계책을 세웠다. 노대를 환관으로 위장해 궁으로 들어가도록 한 것이다. 환관이 된 노대는 궁에서 진시황의 모친인 趙太后(조태후)를 모시게 되었다. 노대는 조태후와 함께 있으면서 자연스레 사통해 총애를 얻었고 長信侯(장신후)로 임명되었다. 이렇게 승승장구하던 그는 분수를 몰랐던지 훗날 반란을 일으켰다. 그러나 실패하여 진시황에 의해 능지처참 당하게 된다.

이상으로 성기를 노출한 고대 중국의 여러 사람들 이야기를 알아보았다. 그러나 성기를 노출했다는 이유만으로 이들이 성도착자였다고 볼 수는 없다. 노대는 여불위의 계책으로 성기를 노출했고 초나라의 안모는 돈을 벌기 위해서였기 때문이다. 그러나 이것들이 고대 중국에서 노출증에 대한 기록임은 분명하다.

한편 이상성욕의 차원으로 수간이 있다. 수간은 성적 대상의 이상유형 중 하나인데 그 성적 대상이 양, 돼지, 개, 송아지 등 동물이라는 점이 특이하다. 중국에는 고대 전설에서부터 그 흔적이 발견된다. 전설에 의하면 炎帝(염제) 神農氏(신농씨)는 黃帝(황제)와 이복형제였다. 그는 少典氏(소전씨) 족장의 아들이었는데 有娲氏(유와씨)가 華陽(화양)에 놀러갔다가 神龍(신룡)을 보았다. 그런데 이때부터 태기를 느꼈고 후에 염제를 낳았다. 그래서 예부터 신농씨의 그림은 소나 용의 머리를 가지고

〈그림 34〉 神農氏(신농씨)

사람의 몸을 한 우락부락한 모습을 하고 있는 것이다.

그는 쟁기와 보습 등의 농기구를 만들어 사람들에게 농사를 가르쳤기 때문에 후대인들에게 농사의 신으로 불린다. 또 약을 발명하여 사람들의 병을 치료하였기 때문에 농업과 의약의 창시자로 여겨진다. 이 설화에서 짐작할 수 있는 것은 상고시대 부락의 장으로서 그가 다스린 부락이 소나 용을 토템으로 하는 민족일 거라는 사실이다. 신농씨는 姜水(강수: 지금의 陝西省 鳳翔縣(섬서성 봉상현) 북쪽 岐山(기산)에서 발원하여 동남쪽으로 흘러 姜氏城(강씨성)을 지남)에서 태어났기 때문에 성을 '姜(강)'이라 하였다. 글자를 해석해 풀이해 보자면, '姜'은 '羊(양)'과 '女(여)'의 결합이다. 즉 양을 치는 여자에게서 태어났다는 뜻으로, 강수 옆에서 살았다는 것은 姜母(강모)와 통한다. 이와 같이 신화와 글자해석을 연관 지어 유추해 보면 신농씨는 양과 여인의 결합, 즉 수간을 통해 태어난 셈이 된다. 물론 신농씨의 어머니가 실제로 양과 수간했다는 것은 아니지만 당시에도 이런 인식이 엄연히 존재했음은 유추할 수 있다.

한편 제1장에서 상술했던 伏羲氏(복희씨)와 女媧(여와) 역시 몸은 뱀이요, 머리는 사람인 반수반인이다. '복희여와교미도'에서 복희씨와 여와는 뱀처럼 꼬리를 교접하는 모습이었다. 이처럼 고대에는 동물과 인간의 교접에 대한 기록이 많이 보이지만 모두 실제 있었던 일을 기록한 것은 아니다. 예를 들어 ≪文海披沙(문해피사)≫에는 역사적으로 사람과 짐승 간에 교접한 수많은 기록이 나오는데 가장 오래된 기록은 한대까지 거슬러 올라간다. 이 외에도 사람과 암탉 등 수간에 관한 기록이 중국의 야사에 전해지고 있으며 고대 이집트나 이슬람문화권 등에도 수간에 관한 기록이 있다.

한편 ≪博物誌(박물지)≫에도 수간을 묘사한 내용이 있다. 용성씨의 막내아들은 평소 음란한 짓을 일삼았는데 그가 백주대낮에도 음란한 짓을 하자 황제가 멀리 서남쪽으로 내쫓았다. 그러자 그는 거기서 말을 아내로 삼고 살았다고 한다. 역시 허황되어 보이기는 하나 과거에 실제 있음직한 일화를 반영한다고 할 수 있다. 보다 사실에 가까운 이야기로는 ≪瀟湘錄(소상록)≫에 杜修己(두수기)의 아내 薛氏(설씨)에 관한 이야기가 있다. 설씨는 품행이 방정한 사람으로 알려졌는데 집에 흰 개 한 마리를 키우고 있었다. 어느 날 이 개가 설씨 침대에 올라왔는데 설씨의 마음이 동해 개와 관계를 맺었다. 이후 남편이 외출할 때마다 설씨는 개와의 관계에 빠져들었다.

그리고 ≪梵天盧叢錄(범천로총록)≫에는 사람과 개가 통간한 사건을 더 사실적으로 기록하고 있다. 요약하자면 다음과 같다. 蔣山(장산)에 어느 젊은 부인이 있었는데 남편이 장사를 나가 오래 돌아오지 않았지만 정조를 잘 지켜 칭찬을 들었다. 그녀의 집에는 개 한 마리를 기르고 있었는데 온순하고 체구가 컸다. 몹시 추운 겨울 어느 날, 개가 침대맡에 오더니 추위에 떨며 떨어지지를 않았다. 부인은 개를 침대에 올라오게 해서 이불로 덮어 주었다. 그런데 부인의 몸에 따뜻한 기운이 전해지자 마음이 동하기 시작했다. 개도 부인도 서로 자제할 수 없어 마침내 관계를 가지고 말았다.

해가 지나 남편이 돌아오자 개는 남편을 보고 짖어 대며 원수 대하듯 했다. 어느 날 남편이 밤늦도록 돌아오지 않자 부인은 다시 개를 끌어안고 관계를 가졌다. 그런데 관계가 채 끝나기도 전에 남편이 돌아왔다.

개는 남편에게 달려들어 고환을 물어뜯었고 남편은 그 자리에 쓰러져 죽었다. 부인이 놀라 소리치자 사람들이 모여들어 그녀와 개는 관청에 끌려갔다. 한참 심문하고 있는데 개가 부인의 품에 뛰어들어 성기를 세운 채 교합하는 자세를 취했다. 이상한 생각이 들어 부인을 조용히 심문한 결과 일의 자초지종을 알게 되었다. 마침내 남편살해를 공모한 죄를 적용하여 부인과 개는 참수당하게 되었다.

한편 ≪閱微草堂筆記(열미초당필기)≫에는 何氏(하씨)라는 부자상인의 이야기가 나온다. 젊은 하씨는 돈 많고 잘생겼지만 창기들과 노는 것을 싫어했다. 대신 암돼지 10여 마리를 사다가 목욕시키고 살찌워서 대낮에 몰래 교접을 했다. 이 일이 계속되자 마을에 소문이 났지만 하씨는 여전히 모르고 있었다. 어느 날 그의 친구가 그의 면전에서 이 일을 농담 삼아 거론했다. 이에 충격을 받은 그는 수치심을 느껴 우물에 빠져 죽었다.

紀昀(기윤)은 이 일을 기록한 뒤 다음과 같이 덧붙인다. 이 사건을 맡은 木金泰(목금태)가 말하기를 "내가 친히 심문해 투옥하지 않았다면 비록 司馬溫公(사마온공)이 이 일을 내게 말한다고 해도 나는 믿지 않았을 것이다"라고.

또 청대 필기소설인 ≪純鄕贅筆(순향췌필)≫에도 사람과 개의 견간, 원숭이와의 후간에 관한 이야기가 나온다. 내용인즉슨 개와 교접한 여인이 강아지 세 마리를 낳았다는 것이다. 또 원숭이와 교접한 여인은 반은 사람, 반은 원숭이인 괴물 하나를 낳았다. 동물과 사람 간에 관계를 가져 자식을 나았다는 비과학적인 사실에 미루어 이야기가 허구임을 알 수 있다. 그러나 책의 제목이 '贅筆(췌필: 온당치 않은 기록)'임에 미루어 보면 동성애가 자연스럽게 받아들여지던 청대에도 수간은 있을 수 없는 일로 여기고 있었다는 것을 알 수가 있다.

또 사람과 짐승 간에 성교를 하게 하고 이를 구경하며 즐긴 제왕들이 있었다. 명대 謝肇淛(사조제)의 ≪文海披沙(문해피사)≫에는 한대 廣川 王(광천왕)이 궁녀로 하여금 나체로 숫양과 성교하게 했고 한대 靈帝(영제)는 서원에서 개와 사람이 짝짓기하게 했다는 기록이 있다. 또 청대 趙翼(조익)의 ≪二十二史箚記(이십이사차기)≫ 권3을 보면 서한 때 江都 (강도)의 王劉建(왕류건)이 궁인을 나체로 땅에 구부리게 하고 숫양 및 개와 성교를 하게 했다는 기록이 있다. 또한 제왕 劉終古(유종고)가 아끼는 노비와 八子(팔자)라는 첩 그리고 여러 시비를 데려와 백주 대낮에 나체로 엎드려 개나 말과 관계를 맺게 하고 그것을 구경했다는 기록도 있다. 이런 변태적인 행위는 인간으로서 자연적 본성이 억압되자 관음증이라는 기형적 욕구로 발전한 행태라 할 수 있다.

다음으로 시간에 대한 기록을 살펴보기로 하자. 남녀 간의 사랑은 산 자끼리여야 하겠지만 간혹 시체와 동침하거나 시체의 일부를 절취해서 자위행위를 하는 경우가 있다. 이는 정상인이라면 있을 수 없는 변태적 행위지만 중국의 정사와 야사 모두에 걸쳐 찾아볼 수 있다. 이런 실례가 비록 흔하지는 않으나 시대적으로 고른 분포를 보이는 점이 특징적이다.

≪資治通鑑(자치통감)≫에는 "呂后陵(여후릉)에서 시체를 능욕해서 죽은 자가 있다"는 기록이 있다. '시체를 능욕했다'는 표현이 꼭 성적인 접촉을 가리킨다고 할 수는 없지만 그런 추측을 가능케 한다. 한편 ≪後漢書·劉盆子傳(후한서·유분자전)≫에는 赤眉軍(적미군)이 呂雉(여치)의 시체를 욕보인 사건이 등장한다. 이것은 西漢(서한) 말년 농민기의군 가운데 하나인 적미군의 작전행위 중에 벌어진 일이었다. 농민기의군의 우두머리 적미는 군사를 이끌고 다니며 궁궐에 불을 지르고 노략질을 자행했다. 陽城(양성)에 이르자 제후의 능을 발견했다. 이들은 이를 도굴하기로 하고 능을 열어 보았다. 무덤 안에는 옥합에 싸여 염한 왕후의

시체가 있었다. 그런데 마치 살아 있는 것 같아 적미는 급기야 시체를 욕보이게 되었다.

이와 비슷한 기록이 당나라 戴君孚(대군부)의 ≪廣異記(광이기)≫에도 나온다. 도굴꾼들이 華妃(화비)의 무덤을 도굴하고 시체를 능욕했다는 기록이다. 또 송나라 周密(주밀)은 ≪齊東野語(제동야어)≫를 지었는데 그가 잘 알고 지내던 '조 모'라는 인물에 대한 다음과 같은 일이 서술되어 있다.

"송 嘉熙(가희)연간 宜興(의흥) 현령을 맡은 조 모가 전임현령의 딸 시체를 파내서 욕보인 일이다. 전임현령의 딸이 15세의 나이로 죽어서 매화나무 아래에 묻혔다. 그러나 조 모가 무덤을 파게 해서 보니 살아 있는 사람처럼 미모가 출중하여 마음이 동했다. 시체를 벽장에 옮겨 놓고 향을 피운 뒤 시체를 범했다. 집안사람들이 이 일을 알고 시체를 내와 화장했지만 조 모는 결국 병을 얻어 죽었다고 한다."

그리고 청대 羊朱翁(양실옹)의 ≪耳郵(이우)≫ 권4에도 시간에 대한 기록이 있다. 바보 해씨라는 사람이 있었다. 그는 평소 좋아했던 여인이 있었는데 그녀가 죽자 무덤을 파서 업고 와 간음했다. 나중에 이 일이 발각되어 해씨는 사형에 처해졌다. 그것은 옛 중국에서 시체의 능욕에 대한 처벌이 매우 엄격하여 모두 참수나 능지처참에 처했기 때문이다.

다음으로 마조히즘과 사디즘에 관해서 알아보자. 마조히즘은 이성으로부터 육체적 또는 정신적으로 학대를 받고 고통을 느낌으로써 성적 만족을 느끼는 것이고, 사디즘은 가학적인 행위로 성적인 만족을 얻는 병적인 심리상태를 말한다.

중국 新疆(신강)의 민요 <在那遙遠的地方(저 머나먼 곳에서)>을 보면 "그녀의 저 아름답고 감동적인 눈은 저녁 무렵 맑고 아름다운 달과 같네. 나는 한 마리 양이 되어 그녀 곁에 있고 싶어라. 그녀가 가벼운 가죽

채찍을 들고 매일 끝없이 내 몸을 때릴 수 있도록"이라는 가사가 있다. 한 마리 양이 되어 양 치는 여인의 곁에 있고 싶은 마음, 그녀의 채찍으로 맞더라도 사랑하는 이의 곁에 있고 싶은 마음이 이 민요에 잘 드러난다. 이것이 꼭 병적인 심리상태라고 할 수는 없지만, 채찍으로 아프게 맞고 쾌락을 느끼려는 것은 마조히즘적인 것이라 할 수 있다.

前秦(전진)의 군주 苻生(부생)은 잔혹한 사디스트(가학성 변태성욕자)였다. 태어날 때부터 한쪽 눈이 불구였던 그는 성정이 포악했다. 354년에 형 苻萇(부장)이 전쟁에서 상처를 입고 사망하자 전진의 태자 자리가 비게 되었다. 그의 아버지 부건은 당시 유행하던 '三羊五眼(삼양오안: 양 세 마리에 눈 다섯 개)'이 군주가 된다는 도참설을 따라 애꾸눈인 부생을 태자로 삼게 된다. 이후 아버지 부건이 죽자 왕위에 오른 부생은 잔혹한 폭정을 일삼았다. 사람을 예사로 죽이고 공신들을 마음대로 처형했다. 그는 궁녀들로 하여금 염소나 나귀와 교합하도록 하고 자신은 구경을 했다. 그랬다가 양이나 나귀를 산 채로 껍질을 벗겨 뛰어다니게 하며 구경했다. 그는 때로는 산 사람의 얼굴 껍질을 벗겨 내고 피를 흘리며 춤을 추게 하고 즐겼다고 한다.

한편 北齊(북제)의 군주 高洋(고양)은 술에 취하면 이성을 잃었다. 어느 날 그가 술에 취해서 길거리를 가다 한 여자를 만났다. 고양이 여자에게 '현재 천자가 어떠냐'고 물어보았다. 그런데 그 여자는 그가 천자인지 알아보지 못하고 '미친 놈'이라고 대답했다. 그는 술김에 칼을 뽑아 그 여자를 베어 버렸다. 또 한 번은 그의 수하에 있던 최지라는 대신이 죽었다. 그는 역시 술이 취한 채로 조문을 갔다. 최지의 죽음에 슬피 울던 그는 그의 처에게 물었다. "최지가 그리우냐?" 최지의 처는 그렇다고 대답했다. 그러자 그는 "그러면 저승 가서 남편을 보라"고 하더니 최지의 처를 칼로 내리쳐서 목을 자르고 머리를 담장 밖으로 던져 버렸다.

또 그는 기녀 출신의 미녀 薛貴嬪(설귀빈)과 그의 언니를 총애했다. 어느 날 이 언니가 실수로 그에게 해를 입혔다가 분노를 샀다. 그녀는 거꾸로 매달려 사지가 찢겨 죽었다. 고양은 술을 마시자 동생 설귀빈이 기생이었다는 생각이 났고 화가 나서 동생의 목도 잘라 버렸다. 그는 설귀빈의 머리를 가슴에 품고서 다른 술자리로 갔다. 직접 설귀빈의 시체를 토막 낸 그는 술자리에서 대퇴골로 비파를 만들고 뼈를 긁는 소리를 냈다. 자리에 있던 사람들은 기절할 지경이었다. 그러다가 술이 깬 뒤에는 후회하며 대성통곡을 했다. 설귀빈의 장례식 때 상여가 나가자 고양은 머리를 산발한 채 상여를 쫓아가며 울부짖었다.

어쨌든 술만 취하면 사람을 죽이는 것이 일상이 되어 버렸기 때문에 그는 솥과 톱을 아예 준비해 두었다. 그리고 재상 양암에게 늘 사형수들을 준비해 두도록 하여 그가 술을 마시고 마음이 동하면 즉시 대령할 수 있도록 했다. 사형수들 가운데 고양이 술을 마셔도 3개월 내에 죽임을 당하지 않은 자가 있으면 천운이 따른다 하여 석방해서 집으로 돌려보내 주었다.

한편 송나라 趙德麟(조덕린)의 ≪侯鯖錄(후청록)≫에는 宣城守(선성수) 呂士隆(여사륭)에 대한 이야기가 있다. 여사륭은 총애하는 기생이 있으면 매질하는 습벽이 있었다. 하루는 그가 麗華(여화)라는 창기를 매질하려 하자 그녀가 하소연했다.

"제가 매를 피할 수는 없겠지만 새로 온 기생이 있는데 이를 심히 불안해합니다."

이 말을 들은 여사륭은 웃으며 매질을 그만두었다. 여화는 영리한 임기응변으로 매질을 피할 수 있었다. 한편 명대의 성애소설 ≪金瓶梅(금병매)≫에는 남자주인공 西門慶(서문경)이 술기운에 李甁兒(이병아)의 음부를 태우거나 王六兒(왕육아)의 몸 세 곳에 향을 피우고 학대하며 즐긴 대목이 나온다. 이것도 사디즘적인 행위라 할 것이다. 또 청나라 兪樾(유월)의 ≪右臺仙館筆記(우대선관필기)≫에는 다음과 같은 내용이 있다.

건륭연간 어느 신임 현감이 사람들을 모아 놓고 기녀의 옷을 벗긴 뒤 몽둥이질하기를 좋아했다. 기녀들은 이를 수치스럽게 여겨 돈을 주고 대신 맞아 줄 사람을 구했으나 쉽지 않았다. 그 고을에 몹시 가난한 젊은 부인이 있었는데 남편을 잃은 과부였다. 어떤 기녀가 그녀에게 돈을 주며 대신 맞아 줄 것을 부탁했다. 이에 젊은 과부는 기녀들 대신 여러 차례 발가벗고 매를 맞았고 그녀는 200여 냥의 은을 저축했다. 그녀는 이렇게 번 돈으로 남편의 시신을 고향에 모셔 와 안장했다. 옷을 벗고 매를 맞아 돈을 벌어서 남편의 무덤을 이장한 이 과부를 열녀로 볼 것인가? 이에 대한 판단은 각자의 몫이지만 여인을 매질하며 기형적 성욕을 만족시켰던 그 현감은 분명히 가학성 변태성욕자에 속한다는 것을 알 수 있다.

한편 기윤의 ≪열미초당필기≫에도 이런 변태성욕이 등장한다. 王成(왕성)이라는 사람이 있었는데 늘 처에게 매질을 하고 나서 부부관계를 즐겼다. 그는 밤새 매질을 하다가 즐기고 또 매질하기를 반복했다고 하는데 이 또한 가학성 변태성욕이라 할 수 있다.

이런 성 변태현상은 비교적 고대에 많이 보인다. 여기에는 다음과 같은 이유가 있었다. 우선 봉건사회에 권력이 군주나 지배계급에 집중되어서이다. 권력을 가진 자는 여자나 남자를 마음대로 가지고 놀다 성적으로 학대하거나 죽이기도 하였다. 다음으로 성억압이 엄격했던 이유도 있었다. 봉건사회의 성적 억압으로 사람들의 성적 욕구가 정상적으로 해소되지 못하자 비정상적인 방법으로 성욕이 표출되었다. 마지막으로

성교육의 결핍을 들 수 있다. 옛사람들의 성적 무지가 이상 성심리와 성
행위를 낳게 된 것이다.

## 3. 방중술

중국에는 한방이 발달했다. 한방은 원래 민간요법에서 시작되었는데
문자가 생기면서 전해지는 처방을 기록하게 되었고 이것이 전래되어 한
방으로 발전한 것이다. ≪山海經(산해경)≫도 그중 하나이다. 내용을 보
면 산맥을 따라 천하의 명산을 기술하고 산과 산의 거리와 산에서 나는
산물, 즉 그 산에 사는 괴수와 조류 등을 기술하고 있는데 마술적, 주술
적 내용이 많다. 뿐만 아니라 寶玉(보옥), 銅鐵(동철), 약초 등의 산물도
기술되어 있다. 이런 자료는 전국시대에서 秦代(진대)에 걸쳐 성행하였
던 方士(방사)의 鍊丹術(연단술)로 이어지고 방중술과도 연관된다.

〈그림 35〉 ≪山海經(산해경)≫(좌)과 ≪黃帝內經(황제내경)≫(우)

또 한편 원시의학의 태동기부터 전래되어 온 민간의학적 경험을 집대성하여 인체의 해부, 생리, 병리, 진단, 치료원칙 등 각 부문에서 동양의학의 이론적 기초를 제시한 책이 ≪黃帝內經(황제내경)≫이다. 이 책은 고대 중국의 전국시대에 저술되어 현존하는 의학문헌 중 가장 오래된 이론저서이다. 여기에는 남녀 생식기의 해부도와 함께 성생리, 성기능, 성보건 등 다방면에 걸쳐 성의학이론을 소개할 뿐 아니라, 성병의 발병원인과 치료법도 명시하고 있다. 이는 당시 의학자들이 연구한 산물로 한 사람의 손을 통해 이루어진 내용이 아니라 여러 시대에 걸쳐 내용이 수정 보완되어 왔다. 이론적으로는 당시의 우주관이라 할 수 있는 음양오행사상을 기본틀로 하고 있다. 또 자연현상이나 사회현상이 인체 내에서 일어나는 여러 가지 현상들을 반영한다고 보는 天人合一(천인합일)의 관점도 반영되어 있다. 방중술은 바로 음양오행사상에 근간을 두고 있으며, 성적 본능을 억압하거나 방종하는 일 없이 올바르게 행하기만 하면 음양이 서로 조화를 이루어 불로장수할 수 있다고 보는 것이다. 이런 시각은 한방에서 불로 그리고 장수라는 과제를 어떻게 육체에 정착시킬 것인가를 탐구하는 것으로 이어진다.

중국에서 방중술은 황제, 유가, 도가를 불문하고 중시했다. 그렇다면 방중술은 어떤 것일까? 우리는 방중술에 관해 흔히 침실에서 이성을 만족시키는 기교 정도로 알고 있다. 그러나 실제 방중술은 음식을 적당히 먹어야지 과식하면 건강을 해칠 수 있듯이 섹스도 지나치면 건강을 해칠 수 있다는 논리다. 우리는 방중술이 성을 영위하는 방법이나 남녀가 지켜야 할 사항, 성과 관계있는 약의 종류뿐만 아니라 불륜에 대한 훈계를 담고 있음에 주목해야 한다. 그렇다면 방중술이 중국에서 언제, 어떻게 시작되었는지를 탐색해 보기로 하자.

중국의 방중술은 춘추전국시대까지가 맹아기라고 할 수 있는데 본격적인 발전은 先秦(선진)시기에 이루어졌다. 漢(한), 魏(위)나라 때 유행했고 당나라 때 전성기를 이루었다. 중국 방중술의 시금석이 된 ≪黃帝內經(황제내경)≫도 선진시기에 씌어진 것이다. 또 ≪漢書藝文志(한서예문지)≫에는 房中八家(방중팔가)라 불리는 8종의 방중술서적이 기재되어 있다. 이 밖에 湖南省 長沙(호남성 장사)의 한대무덤 馬王堆(마왕퇴)에는 여러 권의 방중술 관련 서적이 출토되었다. 그 가운데 ≪合陰陽(합음양)≫은 양생과 방중술의 방법으로 행하는 체위 및 기술을 상세하게 묘사하고 있고 ≪天下至道談(천하지도담)≫ 역시 마왕퇴에서 나온 의학서이다. 이 책은 방중술로 질병을 고치고 보양하는 양생의 원리에 근거하고 있다. 마왕퇴에서는 ≪十問(십문)≫이라는 서책도 발굴되었다. 이 책에는 성교가 어떻게 인체를 상하게 하는가 뿐만 아니라 성교를 통해 건강을 유지하고 장수하는 비결이 황제와 여러 방사들의 십문십답 형식으로 탐구되고 있다.

진한의 여러 제왕들은 신선과 도가사상에 심취했고, 한나라 조조도 방중술을 신봉했다. 그는 자주 방사를 불러 궁녀, 여악들과 더불어 방중술을 행했다. 이렇게 방중술에 대한 관심이 커지면서 ≪玉房秘訣(옥방비결)≫, ≪소녀경≫, ≪현녀경≫ 등 방중술에 대한 체계적인 서적이 저술되었다. ≪소녀경≫은 晋朝 葛洪(진조 갈홍)이 지은 ≪抱朴子內篇·遐覽(포박자내편·하람)≫에 나오는데 작자는 미상이다. 이 책은 전해지지 않다가 982년에 편찬한 ≪醫心方(의심방)≫이라는 책에 수록되어 있는 것을 일본인 丹波康賴(탐바 야스요리)가 발견했다. 지금 우리가 접하는 ≪소녀경≫은 바로 ≪의심방≫에 수록되었는데 이를 청대 엽덕휘가 ≪雙梅景闇叢書(쌍매경암총서)≫에 실은 것이다. 책은 ≪소녀경≫, ≪玄女經(현녀경)≫ 둘로 나뉘는데 ≪현녀경≫은 일부 내용만 보존되어 있다.

≪소녀경≫에 나오는 황제의 스승은 소녀와 현녀, 采女(채녀)가 있다.

≪소녀경≫의 주요 인물은 황제와 소녀이다. 우리말에서 '소녀'라고 하면 '少女', 즉 나이 어린 여자를 떠올릴 수 있는데 한자로는 '素女'이니 '순수한 여자' 정도로 해석되어야 할 것이다. 황제는 지나치게 후궁을 가까이해 건강을 해치고 성교불능 증세를 보였다. 그가 고민 끝에 岐伯(기백)이라는 사람을 불러 진단을 받았는데 방사과다 때문이라고 했다. 이 책의 형식은 황제가 소녀를 불러서 성문제를 질문하면 소녀나 현녀가 답변하는 식으로 진행된다.

우선 소녀는 황제에게 성교는 여러 가지 재료를 버무리는 음식이라고 했다. 음식이 서서히 익는 것처럼 여성도 서서히 달아오른다. 즉 성생리를 음식물에 비유한 셈인데, 적절한 시기에 알맞게 끝내는 섹스가 최상의 즐거움을 준다는 것이다. ≪소녀경≫에는 外丹(외단) 등 여러 가지 강정제를 소개하고 있다. 흔히 강장제와 강정제를 혼동하기 쉬우나 강장제와 강정제는 엄연히 다르다. 강장제는 전신의 신진대사를 촉진하고 영양상태를 좋게 해서 체력을 촉진시키는 것이고 강정제는 강한 섹스를 위해 복용하는 최음제류이다. 그러나 과학이 발전하지 못한 과거의 강정제는 유황이나 수은이 함유된 외단이 많았다. 과거 중국에는 이를 지속적으로 복용해서 중독된 경우가 적지 않았다. 불로장생은커녕 수은 같은 약물중독으로 반신불수가 되거나 사망한 황제들이 그런 경우이다. 방중술의 정통파는 원기회복에 도움을 주는 강장제를 선호했는데, 역시 잘 먹고 적당한 운동을 하는 것이 가장 좋은 효과를 본다는 일반적인 상식에 어긋나지 않는다.

소녀경에는 '接而不漏(접이불루)'라는 말이 나온다. 이 말은 교접하되 사정을 하지 말라는 뜻이다. 방중술의 핵심이 되는 이 말이 나오는 대목을 살펴보면 다음과 같다.

황제가 소녀에게 물었다.

"사정을 하고 싶어도 참고 사정하지 않으면 과연 무슨 효과가 있는가?"

소녀가 답했다.

"한 번 사정을 억제하면 氣力(기력)이 왕성해집니다. 두 번 억제하면 귀와 눈이 밝아집니다. 세 번 억제하면 만병이 없어집니다. 네 번 억제하면 五臟(오장)이 안정되고, 다섯 번 억제하면 혈맥이 충만해집니다. 여섯 번 억제하면 허리가 강해지며, 일곱 번 억제하면 엉덩이와 허벅지 힘이 배가되고, 여덟 번 억제하면 온몸에 생기가 넘쳐 빛이 나며, 아홉 번 억제하면 수명이 연장됩니다. 이윽고 열 번 억제하게 되면 道通(도통)하여 神明(신명)과 통하게 됩니다."

소녀의 주장은 성관계 후 사정을 참는 것이 몸에 좋다는 논리다. 방중술을 수행하는 옛사람들은 이를 믿었던 것 같고, 사정억제를 성교를 오래 끄는 기교로서 받아들였다. 그러나 현대의학의 연구에 따르면 사정을 참으면 소변이 역류되어 전립선염 및 고환염, 부고환염의 위험이 더 커진다고 한다. 그렇다면 접이불루란 의학적 근거가 부족한 오류이며, 소녀의 주장은 단지 성교의 기교로만 의미를 지니는 것일까?

사실 소녀의 주장은 '무조건 사정하지 말라'는 의미가 아니다. 이를 건강법 차원에서 재조명해 보면 달리 해석할 수 있다. 그녀는 접이불루로 지속력을 강화시키고 잦은 방사를 막는 것이 성을 절제하는 길이라고 말한 것이 아닐까? 괜한 정력의 낭비를 줄여야 절제 속에 사랑과 진정한 합일의 기쁨을 느낄 수 있다. 또한 양생으로 더욱 건강하고 풍요로운 성을 누릴 수 있을 것이다. 소녀의 논리는 섹스에서 쾌락의 추구뿐 아니라 자제력도 함께 단련해야 몸과 마음에 이롭다는 것이다.

소녀는 황제에게 采女(채녀)라는 여자를 소개해 주었다. 황제는 채녀에게 彭祖(팽조)를 찾아가 불로장수의 비결을 알아 오게 하였다. 채녀가 찾아오자 팽조는 다음과 같은 비결을 가르쳐 준다.

① 많은 여자들을 바꾸어 가며 교접할 것
② 젊은 여자들과 교접할 것
③ 자주 교접할 것
④ 자주 射精(사정)하지 말 것

    젊은 여자와 관계를 맺으라는 팽조의 조언, 이렇게 회춘하려 한 노력이 중국에만 보이는 것은 아니다. ≪성경·구약편≫, <열왕기>에 다윗 왕이 늙자 아름다운 젊은 소녀를 구해 회춘하려 했다는 기록이 있다. 그런데 팽조의 조언, 즉 많은 수의 젊은 여자와 상대를 바꾸어 가며 자주 관계를 갖되 사정은 가급적 하지 말라는 말은 일견 바람둥이의 좌우명처럼 보인다. 그러나 이와 관련해 우리는 당시의 상황을 고려해 숨겨진 맥락을 이해할 필요가 있다. 그것은 당시의 황제들이 수많은 궁녀를 거느리고 있었기 때문에 했던 조언이기 때문이다. 따라서 이 말이 결코 일부일처제의 문명사회를 사는 우리가 금과옥조로 삼아야 할 것은 아니라 할 수 있다. 그렇다고 해도 많은 여자들을 바꾸어 가며 교접하라는 것은 무슨 연유에서일까?

    교접이란 양과 음의 교류를 말한다. 따라서 성행위가 가장 중요한 교접의 방법인 것은 사실이다. 여기서 주의할 점은 교접이 단순한 성행위 이상의 의미를 지닌다는 점이다. 남자의 陽氣(양기)와 여자의 陰氣(음기)가 상호 교류하면 생명의 기가 온전하게 얻어진다. 방중술에 있어서의 교접은 성적인 쾌락을 얻기 위한 것이 아니라, 교접을 통하여 생명의 기를 북돋아 장수하는 것을 추구했던 것이다. 따라서 방중술에서 중요한 것은 기교나 쾌락의 차원이 아니라 음양교접의 도이다. 이 도는 여자의 차원에 주안점이 주어져 여성과 남성이 평등한 차원에서 성을 절제하고 지속력을 단련하는 것이다.

    한편 ≪소녀경≫에는 실제로 여러 가지 체위가 등장한다. 예를 들자면 9법의 龍飜(용번: 용이 나는 모습), 호보(虎步: 호랑이가 걷는 모습), 猿搏(원박: 원숭이가 나뭇가지를 어깨에 메친 모습), 蟬附(선부: 매미가 나뭇가지에 달라붙은 모습), 龜騰(귀등: 거북이가 승천하는 모습), 鳳翔(봉상: 수봉황이 나는 모습), 兎吮毫(토연호: 토끼가 가는 털을 빠는 모습), 魚接鱗(어접린: 물고기가 비늘을 맞댄 모습), 鶴交頸(학교경: 학이 긴 목을 엇갈린 모습) 등이 있는데 모두가 지속력 단련을 위한 전희의 방법이다.

방중술을 체계화하고 광범위하게 실천에 옮긴 사람은 B.C 142년 동한 順帝(순제) 漢安(한안) 5년(A.D 142년)에 도교의 2대 교파 중 하나인 天師道(천사도)를 창립한 張道陵(장도릉)이다. 이 때문에 장도릉은 방중술의 개창자로 불리는데 흥미로운 것은 그가 방중술을 사람들의 질병치료에 응용했다는 사실이다. ≪神仙傳・張道陵(신선전・장도릉)≫에는 그가 '질병의 치료를 현소의 도에 따라서 했다'는 기록이 있다. 현소란 ≪소녀경≫과 ≪현녀경≫을 가리킨다. 이 두 경전은 방중술의 대표적 저작이므로 그가 방중술로 병을 치료했다는 말이나 다름없다. 남녀 교접의 도로 질병을 치료했다는 것이 요즘 시각으로는 이해하기 힘들 것이다. 장도릉의 천사도가 교도들에게 전수한 방중술은 中氣眞術(중기진술) 또는 合氣(합기)라고 부르는 수련의 방법이었다. 甄鸞(견란)의 ≪笑道論(소도론)≫을 보면 네 개의 눈, 네 개의 코, 두 개의 입, 두 개의 혀, 두 손, 두 마음이 똑바로 음양을 향하고 스물넷의 기를 좇아 도를 행한다는 한다. 다음 그림을 살펴보자.

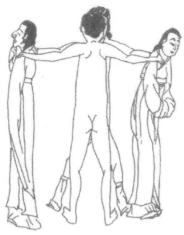

〈그림 36〉 견란의 ≪소도론≫          〈그림 37〉 합기

　왼쪽 그림은 네 개의 눈, 네 개의 코, 두 개의 입, 두 개의 혀, 두 손,
두 마음이 똑바로 음양을 향한다는 것을 잘 설명해 주는 듯하다. 그러나
더 구체적으로는 역시 '합기'를 나타내는 오른쪽 그림을 보아야 한다.
합기란 당시 유행하던 술어로 바로 남녀 간의 성교를 의미했다.

　방중술은 한당 시기에 가장 크게 유행했다. 이 시기는 중국이 역사상
가장 번영했던 때로 일컬어진다. 또 성에 대해서 개방적인 분위기였기
때문에 방중술에 관해서 적극적인 연구도 이루어졌다. 당대에는 성과
방중술을 주제로 한 문학작품이 등장하기도 했다. 그러나 방중술은 점
차 왜곡되었다. 동한시대의 장도릉은 원래 평민을 위해 방중술을 제창
했고 질병을 치료하고자 했기 때문에 설득력이 있었다. 그러나 방중술
이 왕실과 귀족 등 집권층에게 치중되면서 평민들과 멀어지게 되었다.
원래 방중술의 취지는 '성욕을 절제하지 못하면 반드시 건강을 해친다'
는 것이었지만 이들은 쾌락을 누리고도 장수할 수 있다고 했다. 이들은
양생과 성적 쾌락을 함께 추구하고자 했다. 이것은 첩을 여럿 둘 수 있

었던 통치계급의 형편과도 맞아떨어지는 것으로 방중술은 점차 쾌락을 위한 도구로 변질되어 갔다. 이에 따라 방중술은 양생을 위한 수련에서 성적 향락을 위한 서비스 위주로 변질되었다. 이렇게 방중술은 지배계급의 사치스럽고 음란한 생활을 위한 도구가 된다.

원대에 주목할 만한 방중술 저작으로는 李鵬飛(이붕비)가 편찬한 ≪三元延壽參贊書(삼원연수참찬서)≫가 있다. 이 책에는 정욕의 자연스러운 표출에 대해 서술하고 있는데 오늘날 시각으로 봐도 무척 설득력이 있다. 먼저 '欲不可絶(욕불가절)', 즉 '정욕은 끊을 수 없다'는 것과 '欲不可早(욕불가조)', '정욕은 일찍 발생하게 할 수도 없다', '欲不可縱(욕불가종)', '정욕만 좇아서는 안 된다', '欲不可强(욕불가강)', '정욕은 강화시킬 수 없다', '欲有所忌(욕유소기)', '정욕에는 거리끼는 바가 있어야 한다'는 말이 있다. 이것은 정욕을 억제할 것인가, 좇을 것인가에 대한 것으로 방중술의 본래 취지를 잘 나타내고 있다.

그러나 원대의 지배계급은 도가의 방중술을 밀교의 성수련과 결합시켰다. 일부 통치자들에게 방중술은 장생을 구실로 행하는 음행일 뿐이었다. 명대에 이르러 방중술은 더욱 왜곡되었다. 조정에는 황제나 신하 모두 방중술을 논하였으며 신하들은 회춘약을 올리며 이것이 바로 방중술이라고 주장했다. 이런 현상은 明(명) 世宗(세종), 嘉靖年間(가정연간)에 더욱 심해졌다. 陶仲文(도중문)은 세종에게 부적과 정화수, 회춘약을 진상하고 총애를 얻었다. 세종은 조정에 나오지 않고 종묘제사도 지내지 않으며 방중술에만 빠져 있었다. 방사, 도사, 관리들은 황제의 뜻을 사칭하여 미인을 찾아 다녔으며 약을 헌상하기 위해 남의 재물을 빼앗는 등 백성에게 민폐를 끼쳤다. 명대 沈德符(심덕부)가 찬술한 풍속서 ≪野獲編(야획편)≫에는 방중술에 대한 그릇된 미신으로 발생한 끔찍한 사건이 기록되어 있는데 다음과 같은 내용이다.

"孫太公(손태공)이라는 사람은 방중술로 관리들 집을 드나들었다. 남 자아이에게 조열제를 먹인 후 양기가 끊겨서 답답해 괴로워할 때 아이의 음경을 잘라 미약을 만들었다. 이렇게 죽인 어린아이가 수천이었다."

회춘약을 만들기 위해 수천이나 되는 아이들을 죽였다니 끔찍한 일이다. 그러나 이렇게 만든 약을 먹고 회춘한 것은 아니다. 약에는 정체불명의 성분이 함유되어 있었다. 이를 모르는 역대 중국의 황제들 가운데는 장생하기는커녕 이를 과다 복용하고 일찍 죽음을 맞은 사람이 적지 않았다. 당의 憲宗(헌종), 武宗(무종)은 이런 단약을 복용하고 급사했으며 당대의 대유학자 韓愈(한유)의 죽음도 이런 단약을 지나치게 많이 복용했기 때문으로 보인다. 이런 상황은 명나라 때도 비슷했다. 이렇게 되자 방중술에 대한 인식이 점차 나빠지게 되었고 邪道(사도), 從欲(종욕), 음란의 대명사라는 인식이 생겼다. 진정한 군자라면 이를 좋게 생각할리가 없었다. 원대 陶宗儀(도종의)는 ≪輟耕錄(철경록)≫에서 "요즘 사람들은 運氣(운기), 逆流(역류), 采戰(채전) 등과 같은 사악하고 불경한 도술을 방중술이라 한다"고 비판적으로 말한 바 있다. 청대 馮時可(풍시가)는 ≪雨航雜錄(우항잡록)≫에서 다음과 같이 서술하고 있다.

"성교로서 장생을 구함은 단정컨대 필경 쓸데없는 짓이다. …… 자신의 정기도 제어할 수 없는데 어찌 다른 사람의 정기를 취해 쓸 수 있을까?"

앞서 ≪소녀경≫에서는 남녀가 함께 즐긴다는 측면을 강조했지만, 이후 도가에서는 주로 남성의 입장에서 성으로 장수를 추구하고 남성만의 자양강장을 강조하게 되었다. 즉 여성을 도구로 삼아 음기를 취해 양기를 보충한다는 논리다. 그 본질은 상대방의 기를 빼앗아 자신을 이롭게 하자는 것이다. 도가의 방중술은 통지자의 통치수단으로 쉽게 악용되어 황제들은 많은 궁녀를 거느리고 자신의 음탕한 행위를 합리화했다. 여자를 뽑는다는 구실로 일반 평민들로부터 나이 어린 소녀들을 뽑아 강제로 데려오는 비윤리적이고 비인간적인 일이 적지 않았다.

예전에 중국에 불교가 보급되고 금욕주의적인 정서가 퍼지면서 도가 방중술이 위축된 바 있다. 송대에 이르러 인간의 자연스러운 욕구를 억압하는 정주리학의 성행은 도가 방중술에 대해 또 다른 타격을 안겨 주었다. 송대 주자학이 지배이념으로 자리 잡으면서 성과 관련한 모든 논의가 위축되었던 것이다. 이렇게 방중술은 송대 이후 점차 쇠락의 길을 걷게 되었다. 또 명청대에는 王陽明(왕양명)의 陽明學(양명학)이 유행하였다. 이에 따라 정부에서는 성과 관련된 모든 논의를 강력히 금지하고 대신 인의와 도덕만을 강조하게 된다.

방중술은 이 시기에도 명맥을 이었으나 종합 성의료 서적에서의 연구로 간간히 등장할 뿐이었다. 송대에 주목할 만한 저작으로는 南宋(남송)의 명의 陳自明(진자명)이 쓴 ≪婦人良方(부인양방)≫이 있다. 이 책에는 득남할 수 없는 원인을 남녀 양쪽 모두에 제기하는 점이 주목할 만하다. 우리도 그렇지만 과거 중국에서는 아이를 못 낳는 것을 여자의 잘못으로만 여겼다. 조선시대의 칠거지악에는 無子(무자)가 여자가 쫓겨날 수 있는 조건 중 하나이기도 했다. 특히 아들 못 낳는 것을 여자 탓으로 돌리는 병폐는 오늘날에도 없지 않은 만큼 당시로서는 매우 진보적인 서술이 아닐 수 없다.

그러나 자연스러운 성욕을 억압하면 부작용이 나타나는 법, 성적 억압은 남성에게는 공염불일 뿐 여성에게만 강요되었다. 지배층은 성적으로 방종했고 정신적인 억압은 잘못된 방중술을 만연하게 하였다. 방중술의 원래 취지가 빛을 잃자 일반 백성들 사이에서 성풍속은 절제력을 잃어 건전한 성의학이 발전하지 못했다. 성에 대한 논의를 정부가 억압했음에도 불구하고 성에 대한 관심과 표현은 엉뚱한 곳으로 표출되기 시작했다. 바로 ≪금병매≫, ≪육보단≫ 등 성을 과감하게 다룬 문학작품들이 등장하기 시작한 것이다.

한편 지금부터 100여 년 전 청말민초에는 유명한 사학자이자 금석학자, 장서가, 고증학자인 葉德輝(엽덕휘)에 의해 ≪雙梅景闇叢書(쌍매경함총서)≫가 출판되었다. 이 책은 고대의 성학도서를 정리하고 수정한 것으로 앞서 ≪소녀경≫이 실려 있다고 설명했던 책이기도 하다. 그는 19세기 중국에서 고대 성문화를 연구한 첫 번째 사람인데 그의 공헌은 중국 고대의 성학을 연구하여 6가지의 보편적인 내용으로 정리한 것이다. 그 내용은 다음과 같다.

> 첫째, 음과 양이 천지 우주 간의 큰 맥이기에 음양 두 관계의 화해를 중요한 것으로 보았다.
> 둘째, 성교 이전에 하는 전희에 관해 서술했다.
> 셋째, 성교과정에 관한 서술로 여러 가지 체위와 기교를 운용해서 완벽한 경지에 이르는 법을 서술했다.
> 넷째, 아들 낳는 법, 임신, 우생, 양육방법 등을 서술했다.
> 다섯째, 성기능 치료를 서술했다.
> 여섯째, 食補(식보), 즉 음식으로 몸을 보하고 질병을 치료하는 법을 서술하였다.

그의 이런 지적은 현대적 안목에서 매우 정확한 측면이 있다. 이처럼 고대 방중술은 현대 성과학에 포함된 성생리학, 성심리학, 성사회학의 기본 맥락을 거의 다 포괄한 성과를 보이고 있다.

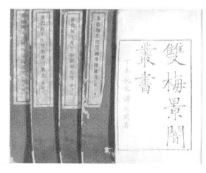

〈그림 38〉 ≪雙梅景闇叢書(쌍매경함총서)≫

제3장

남녀 간의 예교와
처첩관계

# 제3장 남녀 간의 예교와 처첩관계

## 1. 남녀 간의 예교

앞서 방중술의 발전을 통해 본 선진시기의 성에 대한 관념은 사회와 문화 속에서 성이 갖는 기능을 중시하면서 점차 성이 갖는 규범을 세워 나갔다는 점이 특징이다. 중국 고대의 혼인제도, 즉 일부일처제는 周代 (주대)에 이르러 자리를 잡게 된다. 周나라 때는 결혼할 때 남녀의 나이를 제한하는 제도를 만들었고 六禮(육례)를 갖추어 혼인도 禮(예)에 맞추었으며 진나라 이후에는 이를 律(율)로 보완했다. 특히 송대에 와서는 주자학이 통치이념이 되면서 방중술이 억압되는 면모를 보였다. 즉 남녀 간의 예교를 지나치게 강조하게 되면서 천리와 인욕이 충돌하는 모습을 보인 것이다.

그러면 중국에서 남녀 간의 예교가 어떻게 자리를 잡았는지 살펴보기로 보자. '예교'란 예법과 도덕을 의미한다. 이를 '男女大防(남녀대방)'의 예교라고 하는데 그 단초는 ≪孟子 · 離樓上(맹자 · 이루상)≫에서 찾아볼 수 있다.

> "남녀 간에 주고받을 때도 가까이하지 않는 것을 예라고 한다(男女授受不親, 禮也)."

그러나 맹자사상의 모태가 된 공자의 ≪논어≫에는 남녀대방에 관해 언급한 바가 없다. 또 주의해야 할 점은 맹자가 '男女授受不親'이라고 했지만 그는 남녀문제에 있어서 전반적으로 너그럽고 진보적인 생각을 갖고 있었다는 점이다. 그래서 그는 "왕이 여색을 좋아하면 백성과 더불어 함께하라"는 말까지 한 적이 있었다. 이를 왜곡해 역대 황제들은 방중술을 한다며 전국 각지에서 미녀를 선발해 음란함을 즐겼고 또 송대 이후 도학자들은 정반대로 맹자의 말을 편협하게 해석해 남녀 간에는 손도 잡아서도 안 된다는 논리를 폈다. '남녀칠세부동석'이라는 이런 주장은 조선조 성리학에서도 마찬가지로 남녀 간의 억압적인 예교를 강요하게 되었다.

유가는 예를 강조한다. 그러나 맹자는 식욕과 성욕 같은 기본적인 욕구가 때로는 예보다 중요할 때도 있다고 보았다. 무작정 예를 지키겠다고 고집하다 일을 그르칠 것이 아니라 적절히 권한을 사용해 상황에 따라 변통해야 한다는 논리가 ≪맹자≫에는 계속 등장한다. 일례로 淳于髡(순우곤)이 맹자께서는 남녀 간에 손도 잡지 말라고 하셨는데 '형수가 물에 빠졌을 때 손을 뻗어 도와줘야 하느냐 마느냐' 하는 답답한 질문을 하자 맹자는 다음과 같이 말한다.

> "형수가 물에 빠졌는데도 손을 뻗어 끌어내지 않는다면 그것은 도의를 모르는 짐승과 같다. 남녀가 직접 손으로 주고받지 않는 것이 예의지만 물에 빠진 형수를 손으로 끌어내 주는 일은 상황의 윤리로 정당한 일이다."

그렇다면 옛 중국에서 예교를 강요하기보다는 적절한 권한을 사용해 현명한 처신을 했던 사람은 누가 있었을까? 우선 楚(초)나라 莊王(장왕)의 고사를 들 수 있다. 장왕은 어느 날 신하들을 모아서 큰 잔치를 벌였다. 해가 저물고 분위기가 달아오르는데 갑자기 등불이 꺼졌다. 사방이 칠흑처럼 어두워졌다. 그때 술에 취한 누군가 초장왕을 모시는 궁녀의 옷자락을 잡아당기고 희롱을 했다. 그러자 그 궁녀는 얼떨결에 남자의 갓끈을 잡아떼서 갖고 있었다. 다시 불이 켜지자 궁녀는 왕에게 이 사실을 고했다. 누군가 불이 꺼진 와중에 자신을 희롱하기에 그 남자의 갓끈을 떼어 갖고 있다는 것이다. 자신의 여자를 희롱한 신하를 용납할 제왕은 없을 것이다. 그러나 장왕은 "내가 어찌 부인의 정절을 드높이기 위해 신하들을 욕보일 수 있겠는가"라고 말하고 모든 신하들의 갓끈을 떼어내게 했다. 누가 궁녀를 희롱했는지 아예 증거를 없애서 일을 덮어 둔 것이다. 장왕의 이런 대범함은 자리에 함께한 모든 신하들을 감동하게 했다. 세월은 흘러 진나라와 초나라 간에 전쟁이 벌어졌다. 이때 뛰어난 용맹으로 전쟁에 공적을 세운 사람이 있었다. 그가 나아와 장왕에게 이르되, "그때 궁녀를 희롱한 사람이 저입니다. 저는 폐하의 관대함에 감격해 폐하를 위해 언젠가 이 몸을 장렬히 불사르고자 맹세한 지 오래되었습니다"라고 했다.

齊(제)나라 孟嘗君(맹상군)의 고사도 이와 비슷하다. 제나라 맹상군을 찾아온 사람 가운데 맹상군의 부인을 사모한다는 자가 있었다. 이를 알게 된 지인이 맹상군에게 그를 처단하라고 했다. 그러나 맹상군은 남녀 간에 좋아하는 감정이 생기는 것은 인지상정이니 모른 척하고 입 밖에 내지 말라고 다짐받았다. 맹상군은 자기의 부인을 사모한다던 자를 불러 더 높은 자리에 천거해 주고 魏(위)나라로 보냈다. 위나라로 간 그는 크게 환영을 받고 맹상군의 말대로 높은 자리에 등용되었다. 세월이 지난 후 두 나라의 관계가 악화되어 위나라 왕이 제나라를 공격하려고 했다. 이때 그가 나서서 만류했다.

"제나라와 위나라는 일찍이 서로 침략하지 않으리라는 약조를 했습니다. 그런데 사소한 일로 제나라를 공격하는 것은 선조의 약조를 어기는 일입니다. 부디 제나라에 대한 감정을 풀어 주십시오. 그렇지 않으면 자결하겠습니다."

그의 만류로 위왕은 마음을 풀었고 이 소식을 들은 제나라 사람이 말했다.

"맹상군은 과연 훌륭하다. 화를 바꾸어 공으로 만들다니."

≪禮記(예기)≫에는 후세 도학자들이 강조하던 남녀 간의 예교가 등장한다. 조선시대 선비들이 종교 교리처럼 받들던 남녀 간에 지켜야 할 계율들이 여기에 나오는 것이다. 맹자는 남녀가 주고받을 때도 가까이 하지 않는다고 한 바 있지만 그것이 어떤 경우인지 구체적인 실례를 제시하고 있다.

"제사나 장례의 일이 아니면 남녀가 서로 그릇을 주고받지 않는다. 서로 주고받아야 할 경우에도 여자는 물건을 담을 광주리를 준비해 받아야 하고 그렇지 못할 경우에는 땅에 놓은 다음에 집도록 한다."(≪예기·내칙≫)

또 조선시대 여인들이 외출할 때 장옷을 써서 얼굴을 가린 연유와 남녀칠세부동석에 관한 계율도 등장한다.

"안사람과 바깥사람이 같은 우물을 써서는 안 되고 욕실을 함께 써서는 안 되며 잠자리 도구를 함께 써서는 안 되고 직접 물건을 빌리거나 빌려 주어서도 안 되며 남녀가 서로 같은 옷을 입어서도 안 된다. 안채의 대화가 바깥으로 나가서는 안 되고 바깥채의 대화가 안으로 들어와서는 안 된다. …… 여자가 문밖에 나갈 경우에는 반드시 그 얼굴을 가려야 한다. ……나이가 일곱 살이 되면 남녀가 함께 자리하지 않

으며 함께 앉아 음식을 먹지도 않는다."(≪예기・내칙≫)

또 ≪禮記・郊特牲(예기・교특생)≫에는 "여자는 한 남자를 따르며 일생을 마쳐야 된다"는 一夫從事(일부종사)나 "여자는 어려서 아버지를 따르고 시집가면 남편을 따르고 남편이 죽고 나면 아들을 따른다"는 三從之道(삼종지도)에 대한 내용도 나온다. 또한 옛날 우리 조상들이 서로 배우자의 얼굴도 못 본 채 양가 부모 간의 결정으로 결혼을 해야 했던 단서도 발견된다.

> "자식이 자기 부인을 좋아한다고 해도 부모가 싫어하면 부인을 내쫓아야 한다. 자식이 자기 처를 싫어해도 부모가 나를 잘 섬긴다고 하면 자식은 부부의 관계를 지속해 나가며 죽을 때까지 그만둘 수 없다."(≪예기・내칙≫)

이런 일이 이루어졌던 것은 주자학에서 혼례라는 것이 두 집안을 맺어서 위로는 조상을 섬기고 아래로는 후사를 이어 가는 것이지 당사자 간 사랑의 결실이나 행복을 위해서 하는 것이 아니었기 때문이었다. 한편 동한 초기에 이루어진 ≪白虎通(백호통)≫에는 ≪예기≫에서 한 걸음 더 나아간 주장이 등장한다.

〈그림 39〉 ≪禮記(예기)≫

> "남자는 마음대로 아내를 취해서는 안 되지만 여자도 마음대로 시집가서는 안 된다. 반드시 부모와 중매의 의견을 통한 다음에 이루어져야 한다. 이것은 음란하다는 소리를 들을까 부끄러워 저어하기 때문이다."(≪白虎通・嫁娶(백호통・가취)≫)

또한 ≪백호통≫에서는 三綱(삼강)을 말한다.

"삼강이란 무엇인가? 군신과 부자와 부부의 관계이다. …… 임금은 신하의 벼리가 되고 부모는 자식의 벼리가 되고 남편은 아내의 벼리가 된다."(≪白虎通・三綱六紀(백호통・삼강육기)≫)

또한 군왕은 한 번만 결혼해야 한다는 내용도 있었다. 그러나 과연 중국의 역대 군왕과 신하들 가운데 한 번만 결혼해서 부인 하나만 둔 남자가 몇이나 있었는지는 의문이다. 앞서 언급한 것처럼 예교는 춘추전국 음풍의 시대를 지나 막 형성된 봉건사회의 질서를 유지하기 위한 강제였다. 秦(진)나라, 漢(한)나라 통일제국이 형성되면서 예교가 완비되었지만 사람들 사이에 방종적인 욕구충족의 경향은 여전했다.

실제 제왕들은 무제한적으로 처를 많이 두는 것이 현실이었다. 물론 여론이 비판적일 수 있고 대신들이 간언을 하기도 했기 때문에 처녀징발이 제왕의 뜻대로만 이루어진 것은 아니었다. 그러나 역사서에서 지방으로 사람을 보내 처녀들을 마구 징발해 온 기록은 수없이 찾아볼 수 있다.

≪소녀경≫에는 황제가 120여 명의 여인과 함께 지내다가 신선이 되었다는 허황된 내용이 있다. 이 내용을 믿고 중국의 많은 군왕들은 궁녀를 많이 두는 핑계로 삼았다. 夏(하)의 桀王(걸왕) 때 궁중에는 여악과 여자배우가 3만 명이나 있었다. 한편 진시황은 중국을 통일하면서 6개국에서 1만여 명의 궁인, 여악들을 자기 소유로 만들었다. ≪三輔舊事(삼보구사)≫에 의하면 "진시황이 中外殿(중외전)에서 145명을 관망하고 후궁 1만여 명을 도열하게 했는데 그 기상이 하늘을 찔렀다"고 한다. 漢(한)나라의 桓帝(환제)는 궁녀가 5~6천 명이었다. 한편 ≪晉書(진서)≫에는 다음과 같은 기록이 있다. 西晉(서진)의 武帝(무제) 司馬炎(사마염)이 273

년 공경대부 이하의 미인을 선발하기 위해 가정집 여인들을 육궁에 불러들였는데 이 행사가 끝날 때까지는 이들의 결혼을 금지시켰다. 그는 이듬해에 다시 미인을 선발하기로 하여 양가집 규수 5,000명을 입궁시켰다. 이들을 수레에 태워 마구 징발해 가다 보니 귀족자녀들은 입궁하지 않으려고 허름한 옷을 입고, 초라한 몰골로 지낼 정도였다. 이렇게 징발당한 딸과 어미가 울부짖는 소리가 궁 밖에까지 울려 퍼지기도 했다. 8년이 지나 사마염이 吳(오)나라를 평정한 후에는 또 孫晧(손호)에게 첩 5천 명을 뽑아 입궁하게 했다.

궁녀 수는 특히 당대에 와서 최고조에 달했다. 양귀비와의 로맨스로 유명한 당현종은 궁녀가 40,000명이었다고 한다. 현종은 선왕이 붕어하여 빈소를 지키고 있었지만 선왕의 남은 궁녀들에게 눈독을 들일 뿐이었다. 현종과의 로맨스로 유명한 양귀비는 원래 현종의 18번째 아들 壽王(수왕)의 비였다. 현종은 첫눈에 며느리를 보고 반해서 자기 여인으로 삼았던 것이다. 이런 제왕의 욕심이 얼마나 많은 홀아비와 여인들의 눈물을 흘리게 했는지 모른다. 역사서에는 군왕의 황음이 지나칠 때 대신들이 "하늘이 경계함을 보입니다"라는 말로 충간을 했고 이에 귀를 기울여 자제하는 경우도 간혹 있었음이 기록되어 있다.

한편 고대 중국의 몇 왕조에서는 권력자가 죽으면 데리고 있던 하인이나 시비를 순장하는 제도가 있었는데 남자보다 여성을 순장하는 경우가 많았다. 일례로 일찍이 주유왕의 무덤을 발굴하자 안에서 100여 구의 시체가 나왔는데 1명은 남자, 나머지는 전부 순장당한 여자 시체였다. 역사서에 따르면 진시황의 아들 진이황은 만여 명의 후궁과 장인들을 순장하게 했다. 이런 악습은 면면히 이어지다가 청초에 이르러 비로소 철폐되었다.

제왕뿐만 아니라 귀족자제들도 여러 명의 첩을 두었다. 위진 교체기

無康(무강)연간 귀족자제들은 머리를 풀어 헤치고 옷을 벗고 술을 퍼마시며 첩들을 희롱했다고 한다. 왕실뿐 아니라 처첩을 여럿 두는 것은 당대의 관행이었고 귀족이나 사대부들이 자유분방하기도 왕실에 못지않았다. 당나라 이후의 사대부들은 家妓(가기: 집안의 기생)를 두어서 시첩노릇을 하게 했다. 이들은 노래하고 춤을 추며 손님을 즐겁게 하는 역할을 했다. 유가의 사상을 존중하며 도교, 불교를 배격하고 송대 이후 성리학의 선구자가 되었던 당대의 韓愈(한유)에게도 집에 絳桃(강도)나 柳枝(유지) 같은 가기가 있었다. 또 당나라 때 유명한 시인 白居易(백거이)도 부인을 매우 아꼈지만 樊素(번소)나 小蠻(소만) 등 여러 가기를 두었다. 도통을 계승한 사대부, 위대한 시인들이 가기를 두었던 만큼 이런 풍조는 당시 보편적이었을 것이다. 단지 이들이 손님을 접대하는 역할만 했다면 이들은 하녀일 뿐 한유나 백거이는 실제로 애처가였을 수도 있다. 한편 백거이의 명시 ≪琵琶行(비파행)≫에는 처음 상인의 아내로 시집갔다가 농락당하고 버림받아 결국 歌妓(가기)가 된 여인의 이야기가 나온다. ≪비파행≫은 천 년이 넘게 감동적인 시로 읊어졌는데 당시 시대적 분위기에 미루어 이것이 실제 있음직한 이야기임을 짐작할 수 있다.

후비나 황실의 공주들도 자유분방했다. 중국 역사상 처음이자 마지막 여자 황제였던 당대 무측천은 일흔이 넘어서까지 미소년들을 곁에 두고 희롱했다. 귀족여인들도 자유분방하기는 매한가지였다. 한무제 때 平陽(평양)공주는 처음에 曹壽(조수)라는 사람에게 시집을 갔다. 그러다 남편이 죽어 과부가 되자 자신이 직접 남자를 찾아 나섰다. 이렇게 당나라 때 공주들이 자유로이 재가를 한 것은 널리 알려진 사실이다. 또한 蔡文姬(채문희)는 처음에 衛仲道(위중도)에게 시집을 갔는데 남흉노의 左賢王(좌현왕)에게 재가했다가 다시 董祀(동사)와 결혼했다. 이런 일이 가능했던 것은 당시 사람들이 여성의 재가를 이상하게 생각하지 않았기 때문이다. 우리나라에도 여인의 계획적인 선택으로 이루어 낸 사랑이야기가 있는데 바보온달과 평강공주가 그런 경우다. 중국의 경우, 漢武帝(한무제) 때 풍류재사였던 司馬相如(사마상여)와 그의 아내 卓文君(탁문군)의 러브스토리가 유명하다. 어릴 때부터 울면 바보온달에게 시집보낸다는 말을 듣고 자란 평강공주가 진짜로 온달을 찾아가서 결혼하고 남편을 성공시킨 이야기는 순박한 동화를 연상케 한다. 한편 탁문군과 사마상여의 이야기는 요즘 세태의 적극적인 사랑 이야기를 닮아 있다. 그렇다면 이 두 사람은 어떻게 맺어지게 되었을까?

사마상여는 文武(문무)를 겸비한 인물로 뛰어난 거문고 연주가였으며 독특한 한문문체인 漢賦(한부)의 대가였다. 그는 이런 재능을 바탕으로 양나라 孝王(효왕)의 신하노릇을 하다가 효왕이 죽은 뒤에는 고향 한나라로 돌아왔다. 사마상여는 예전부터 친분 관계가 있는 臨邛(임공: 지금의 四川省(사천성) 邛崍市(공협시))의 縣令(현령) 王吉(왕길)을 방문했다가 卓王孫(탁왕손)이라는 부자를 만나게 되었다. 그에게는 예쁘고 총명한 딸 卓文君(탁문군)이 있었다. 탁문군의 나이 16세 때 그의 아버지는

딸을 동업자의 아들과 혼인시켰는데 몇 개월 되지 않아 남편이 죽고 청상과부가 되었다. 사마상여는 탁문군의 집을 방문하게 되었다. 거문고의 대가라는 사마상여가 왔다는 소식을 듣고 많은 사람들이 모여들었다. 사마상여는 이들 앞에서 <鳳求凰(봉구황)>이라는 곡을 연주했다. 그런데 병풍 뒤에는 탁문군이 거문고 대가의 연주를 숨어서 듣고 있었다. 연주가

〈그림 40〉 司馬相如(사마상여)

끝나자 탁문군은 너무도 훌륭한 솜씨에 감동해 사마상여의 얼굴을 보지 않고는 견딜 수 없었다. 마침 함께한 자리에서 아버지 탁왕손을 통해 탁문군은 사마상여와 인사를 나누게 되었다.

둘은 밤이 되자 밀애를 시작했다. 탁문군은 사마상여에게 적극적으로 마음을 고백하고 사마상여의 평생 반려자가 되겠다고 했다. 이렇게 두 사람은 야반도주를 하게 되었는데 둘은 같이 살 집도 마련하지 못했기에 은밀한 거처에 숨어 지내게 되었다. 왕길의 도움을 받았지만 세간 하나 준비하지 못한 채 그들의 동거는 시작되었다. 사마상여는 탁문군이 함께 집으로 돌아가 결혼을 허락받고 당당하게 살지 못하는 것을 의아하게 생각했다. 이에 대해 탁문군은 다음과 같이 이유를 말했다. "만약 돌아간다면 아버지가 자기를 다른 동업자에게 다시 시집보내려 할 것이다. 그러면 두 사람의 사랑은 끝이 날 것이다"라고.

한편 아버지 탁왕손은 딸이 사마상여와 야반도주한 소식을 듣고 대노했다. 그래서 일체의 경제 지원을 하지 않았고 주변 누구도 그들을 도와주지 못하게 했다. 그러나 탁문군은 전혀 굴하지 않고 가져온 패물을 팔아서 시장에 주막을 차렸다. 거부 탁왕손의 딸 탁문군이 주막을 열었다는 소식에 시정잡배들이 몰려들었고 탁문군은 이들에게 기꺼이 술을 따랐다. 또 사마상여도 체면을 벗어던지고 저자 한복판에서 설거지를 했다. 몇 해가 지나지 않아 탁문군은 스스로 자립할 만큼 돈을 벌었고 사마상여는 한나라 군주를 예찬하는 <子虛賦(자허부)>를 썼는데 이 글이 한무제에게 전해졌다. 자허부를 읽은 한무제는 사마상여의 뛰어난 필력에 감탄하며 그를 불러들여서 벼슬자리를 주었다.

이후 탁문군은 중국 역사에서 미인을 일컫는 대명사이자 남존여비의 시대적 환경에 맞서서 사랑을 쟁취하고 고난을 극복한 당당한 여장부로 일컬어졌다. 이런 부분을 높이 평가한 중국의 문호 林語堂(임어당)은 중국 현대 여성의 이상적인 모델로서 탁문군을 제시한 바 있다. 중국 대륙에서는 이를 봉건예교에 대한 반항이라고 해석하기도 한다. 그러나 그 당시의 성개방적인 풍조에 따르면 이들의 도피행각이 오로지 봉건예교에 대한 저항 때문만은 아닐 것이다.

한편 일반 민중들에게 예교가 어떻게 적용되었는지를 역사서 속에서 확인하기란 힘들다. 그러나 예교가 완비된 직후의 상황이 위와 같았다면 민중들은 그다지 구애받지 않았을 것으로 보인다. ≪예기≫에서 '防陰(방음)', 즉 '음란함을 방지한다'는 취지는 귀족을 향한 것이었는데 그것은 물질적으로 풍요로운 황실귀족이 예교의 조건에 더 합당하기 때문이다. 이처럼 ≪예기≫에서 남녀 간 예교의 계율은 원래는 성적 타락을 막기 위해서였다. 즉 성적 질서를 바로잡기 위한 긍정적이고 적극적인 의도에서 비롯된 것이다. 그러나 송대 정주리학은 성욕을 포함한 모든 인간의 욕망을 억압하고 포기할 것을 요구했다.

北宋(북송)의 二程(이정), 즉 程顥(정호), 程頤(정이) 형제는 洛陽(낙양)에서 학생들을 가르쳤다. 이때 형성된 학문을 洛學(낙학)이라고 하는데 이는 송대 유학의 주류를 이룬다. 어느 사람이 정이에게 과부가 먹고살 방도가 없다면 재가해도 되느냐고 묻자 정이는 다음과 같이 대답했다.

"굶어 죽는 일은 극히 사소하나 절개를 잃은 일은 매우 중대하다."

이 말은 ≪二程遺書(이정유서)≫ 권22에 나오는데 이후 도학자들의 입에서 떠나지 않는 명언이 되었다.

朱熹(주희: 1130~1200), 즉 주자는 이정을 계승하고 발전시켰다. 주희는 格物致知(격물치지)와 誠意正心(성의정심)의 聖學(성학)을 제창하여 이른바 程朱理學(정주리학)을 형성하였다. 주희는 천리와 인욕이 완

〈그림 41〉 二程(이정)

전히 대립되고 공존할 수 없다고 강조했다. 이는 남녀문제에 있어서 전반적으로 너그럽고 진보적인 생각을 갖고 있던 맹자와는 사뭇 다른 입장이다. 주희는 아예 "왕이 여색을 좋아하면 백성과 더불어 함께 하라"는 맹자의 열린 생각에 대해서도 억지 해석을 했다. 이것이 남녀관계에 대해 진보적인 관점이 아니라 인욕을 막고 천리를 보존하고자 한 말이라는 것이다. 또 그는 ≪시경≫에 나오는 자유분방한 연가를 음란한 노래라고 신랄하게 비판했다. 이렇게 남녀 간의 예교는 송대에 이르러 체계를 갖추게 되었으나 융통성을 잃게 되었다. 예교에 대한 주희의 과민반응이 무색하지 않게 송대 유학자들 가운데에는 예교를 실천하려 한 사람들이 있었다. 즉 송대 이전처럼 남녀 간의 예교를 입으로만 이야기하고 실제로는 자유분방하게 사는 것이 아니라 제대로 실천하려 한 것이다.

≪人譜類記(인보류기)≫에는 다음과 같은 이야기가 전한다. 정이와 정호가 어느 날 연회에 갔는데 정이는 기녀가 있는 것을 보고 되돌아갔

다. 그러나 정호는 여러 손님, 기녀들과 함께 자리를 같이했다. 다음 날 정이가 이 일에 대해 불만스럽게 이야기하자 정호가 말했다.

> "내가 그곳에서 술을 마실 때 좌중에 기생이 있었을 뿐, 마음에는 기생을 두지 않았다. 동생은 오늘 기생이 없는 서재에 있는데도 마음에는 기생을 담아 두고 있군."

이 말을 들은 정이는 말문이 막혔을 것이다. 이 이야기는 색욕에 대해 초연한 정호의 정신세계를 잘 변론해 준다. 그러나 후대 사람들은 기생과 함께 놀면서도 이런 말을 변명처럼 늘어놓는 경우가 있었다. 흥미로운 것은 도학자들이 기생을 아예 멀리한 것이 아니라 함께 지내더라도 때때로 시문을 지어 교류하는 것을 선비의 풍류로 보았다는 사실이다. 조선시대 화담 서경덕과 황진이의 관계가 그런 경우이다. 황진이가 가난한 서경덕의 서재를 찾아가 여러차례 유혹을 했지만 서경덕은 꿈쩍도 하지 않았다. 결국 황진이는 서경덕에게 고개를 숙이며 제자로 받아 줄 것을 간청하게 된다. 그러나 과연 얼마나 많은 도학자들이 여인의 유혹에 굴하지 않고 지조를 지키며 풍류만 즐겼는지는 알 수가 없다.

정주리학에서 남녀 간의 예교를 강조했음에도 공공연히 방탕한 짓을 하고 다니는 사대부들도 많았다. 첩이나 아내를 바쳐 벼슬을 사려 하거나 누이를 팔아 관부에 들여보내는 일도 있었다. 문관 사대부들은 예교를 어긴 데 대해서 대체로 체면을 따졌으나 무인들은 오히려 무용담으로 여길 따름이었다. 그런 한편 기생제도도 성행했다. 그것은 평소 자연스러운 남녀교제나 욕구분출이 억압되자 일종의 보상심리로 남자들이 직업여성을 찾게 된 것으로 볼 수 있다. 그리하여 남녀 모두가 입으로만 예교를 강조하고 겉으로 점잖은 척하지만 실제와는 다른 상황이 생겨났다.

연회석상에 기생이 있어서 되돌아간 정이처럼 정주리학을 형성한 주희도 당중우를 비판한 적이 있다. 주희는 당중우가 어느 기생과 부정한 관계에 있음을 폭로했다. 그러나 예교를 못 지키기는 주희 또한 마찬가지였다. ≪四朝聞見錄(사조문견록)≫에는 "인욕을 없애고 천리를 다시 회복하라"고 주창한 주희가 비구니 두 명을 유인해 첩으로 삼았다는 내용이 있다. 주희는 외방 관직에 나갈 때 이들을 데리고 다녔으며 그의 큰딸은 남편이 죽은 뒤에 임신을 했다고 비판받았다. 이것은 송 慶元(경원) 2년(1196년) 감찰어사 沈繼祖(심계조)에게 지적당한 사실이다. 이에 따라 寧宗(영종)은 그의 관직을 깎아내리게 했고 주희는 다음과 같이 자신의 잘못을 인정하는 표문을 올렸다.

> "초가집에나 사는 천한 선비이자 타락한 글을 쓰는 유생으로 오직 그 릇된 학문만 전할 줄 알았으니 어찌 시대를 밝히는 일에 적합하겠습니까? 지난날 잘못을 깊이 뉘우치고 지금 옳은 바를 세밀히 찾도록 하겠습니다."

이런 일은 모두 송대 도학가들이 말과 실제가 다른 것을 보여 주는 사례이다. 어쨌든 이런 예로 볼 때 당시 예교를 중시하는 분위기가 확산되고 있었음은 분명히 알 수 있다. 물론 항상 예로써 남녀 간의 예교를 지키려 한 도학자들도 있었다. ≪夢溪筆談(몽계필담)≫ 권25에는 다음과 같은 내용이 있다. 張咏(장영)이 촉 땅에 진을 쳤는데, 놀 때는 선비와 여자가 좌우에 둘러 있었다. 그러나 삼 년이 지나도록 돌아보지도 않았다. 또 장영은 여자노비를 두고 시중을 들게 했는데 4년을 지나서 그녀가 궁궐에 들어가게 되었다. 장영은 그녀의 부모에게

〈그림 42〉 朱熹(주희)

돈을 주고 시집보내게 했는데 그녀는 손끝 하나 대지 않은 처녀의 몸이었다고 한다. 또 다른 기록에는 이때 장영이 곁에서 시중드는 여자노비에게 마음이 동한 적이 있었다고 한다. 그 역시 마음속에 색욕과 금욕 간의 갈등이 심했던 것이다. 그때마다 그는 '장영은 소인배다, 장영은 소인배다'라는 말을 되뇌며 유혹을 이겨 냈다.

남자에 비해 여자는 더욱 예교를 엄격히 지켜야 했다. 특히 상층사회의 여인들은 자칫하면 음란하다고 손가락질을 받았기 때문에 성적 억압을 감내해야 했다. 송대 이후에는 점차 '節婦(절부)'와 '烈女(열녀)'가 늘어났다. 열녀는 남편을 위해 죽거나 폭력을 당하여도 굴하지 않다가 죽은 여성이고 절부는 남편의 사망 이후 개가하지 않은 여성이다. 당시 중국에서는 그들을 위한 牌坊(패방: 중국의 열녀문)이나 정절비를 세우거나 전기를 지어 주기도 했다. 이를 본받아 조선에서는 열녀나 절부를 위해 旌門(정문)을 세워 주었다. 이런 일은 중국에서 명청시기에 날로 증가했는데 이것은 당시 여성에 대한 억압이 날로 심해졌다는 것을 반증해 주는 예이다.

예교는 후세로 오면서 남성 중심의 가부장제도를 강화하는 쪽으로 변질되었다. 봉건사회를 고수하려는 통치계급 일부가 통치계급의 도덕기준으로 예교를 강조했고 이에 따라 예교의 속박도 점차 강화되었다. 예에 대한 지나친 왜곡과 강요는 상황에 따른 융통성을 잃게 만들었다. 예교의 속박은 더욱 심해져 사람을 옭아매는 구실로 작용할 뿐이었다.

그러나 시대가 지나면서 예교에 대해 비판적인 이들이 나왔는데 李贄(이지)와 袁中道(원중도)가 대표적이다. 예교를 비판한

〈그림 43〉 李贄(이지)

이지는 세상을 어지럽히는 학문을 주창했다는 죄목으로 투옥되어 옥중에서 자살했다. 그런데 실제 그는 남녀관계에 있어서 철저한 금욕주의자로, 금욕만이 진정한 예교에 합치된다고 보았다. 그가 성적으로 자유분방한 사람이었기 때문에 예교를 비판한 것이 아니었다. 아무튼 여성과의 교류를 공개하는 것 자체가 죄상이 되었던 시대에 그는 梅澹然(매담연) 등 자신과 학문적 교류를 한 여성들을 공공연히 칭찬했으며 불교에 관해 이들과 문답한 내용을 ≪觀音問(관음문)≫이라는 제목의 책으로 간행하기도 했다. 이런 행동은 당시 통치이념에 대한 공개적인 도전이었다. 당시 권문세족과 고급관료들 중에도 도학을 배격하고 지나친 예교를 비판한 그에 대해 공공연히 지지하는 사람들이 있었다. 그러나 그의 주장은 당시에는 체제를 뒤흔들 만큼 위험하고 과격한 급진적인 내용이었다. 그래서 조정에서는 몇 차례나 이지의 저서를 불살라 버리라고 명했다. 그러나 이지의 책은 계속 전파되었고 근절되지 않았다.

이후 청대에 들어와서도 통치자들이 정주리학을 강력히 주창하면서 예교에 대한 왜곡된 강요는 계속되었다. 그러나 예교비판의 흐름도 이어졌다. 특히 戴震(대진)은 ≪맹자≫에 대한 주석인 ≪맹자자의소증≫이라는 책을 펴냈다. 그는 맹자의 원래 뜻과 달리 '천리와 인욕의 구분'이 왜곡되었다는 것을 주장했다. 또 대진은 송대 성리학자인 이정과 주희에 대해 맹렬히 비판했다. 그 이유는 다음과 같다.

첫째, 천리와 인욕의 구분은 잔인하고 잔혹한 살인도구이다.
둘째, 천리와 인욕의 구분은 권력계층의 살인도구이다.
셋째, 실제로는 금욕이 불가능한데 이론적으로 그것을 강조하는 것은 보편적인 허위만 결과적으로 조성할 뿐이다.

## 2. 정절관의 유래와 발전

중국에서 여성의 정조관념은 사유제, 남권사회와 일부일처제가 건립된 뒤에 생겼다고 볼 수 있다. 이때 여자는 남성의 종속물로 전락해서 아내는 남편을 위해 다음과 같은 수많은 의무를 다해야 했다.

첫째, 자녀를 낳고 키우며 조상을 섬기고 대를 잇는 일
둘째, 정조를 지켜야 한다는 것

고대 중국 여성의 정절관이 생겨나고 변화해 간 과정을 단계별로 살펴보면 다음과 같다. 진시황은 중국을 통일한 뒤 많은 지방을 순시하면서 여자의 정절문제를 강조하는 비석들을 많이 세웠다. 당시 사회는 인구이동, 계급 간의 교차혼인, 사회변천이 급격해서 통치를 공고히 하고 사회를 안정시킬 필요에서 또 춘추전국시대의 음란한 풍속이 반감을 일으켜 그에 대한 구속과 제재가 필요해서였다. 이것이 초기 단계이다.

다음은 형성단계이다. 한대는 예교가 형성된 중요한 시기이다. 漢宣帝(한선제) 神爵(신작) 4년(B.C 58년)에 역사상 최초로 정순함을 표창한 조서를 내렸다. 劉向(유향)은 ≪烈女傳(열녀전)≫을 썼는데 그중 <貞順篇(정순편)>과 <節義篇(절의편)>이 정절을 이야기한 것이다. 또 班昭(반소)는 ≪女誡(여계)≫를 지어 남존여비, 三從四德(삼종사덕), 夫爲妻綱(부위처강) 등의 관념을 체계적으로 정리했다. 그는 ≪여계≫의 <專心篇(전심편)>에서 "남편은 하늘이고 하늘은 진실로 거스를 수 없으니, 남편과는 진실로 이혼할 수 없다"고 했다. 그러나 문제는 이것이 악용되었다는 것인데 조정에서는 비록 정절을 표창했으나 민간에서의 영향은 그다지 크지 않았다. 민간에서는 여전히 여자의 이혼과 재가가 이루어지는

등 비교적 자유로웠으며, 이를 비판하는 이도 많지 않았고 재혼하는 아녀자를 아내로 맞으려는 사람도 있었다.

다음은 완화되는 단계이다. 위진남북조 때는 사회의 혼란으로 남녀관계도 난잡해지지만 당대에 오면 강성해진 국력으로 인해 인력과 물자가 풍부해지고 대외관계와 교류도 폭넓어져 사회풍조가 매우 개방적이 되었다. 이 시기에 정절에 관해 여성이 쓴 자료로는 陳邈(진막)의 아내 鄭氏(정씨)의 ≪女孝經(여효경)≫, 宋若華(송약화)의 ≪女論語(여논어)≫가 있다.

당나라 때의 법률에는 여자가 재가를 금지한 규정이 없고 또 정절을 장려하거나 표창하는 일은 좀처럼 보이지 않았다. 사회적으로 남녀의 교제는 자유로웠고 여성들 사이에는 심지어 반라의 복장도 유행했다. 그러다가 明淸(명청)시대에 와서 이런 일들이 도학자들의 비판을 받게 된다. "더러운 당나라가 한나라를 욕보였다(臟唐爛漢)"고까지 한 표현은 성관념이 느슨해지고, 여자들이 자유분방해지는 데 대한 부정과 비판이라 할 수 있다. 당나라 때 시인 白居易(백거이)의 ≪嫁人苦(가인고)≫라는 시를 보면 수절하는 것이 여성을 고달프게 하는 주요 원인이라고 여겼다. 이것은 역사적으로 여성의 수절을 반대한 최초의 문자기록이다.

다음은 엄격해진 단계, 즉 宋代 중엽 이후이다. 여자의 정절문제는 송대 중엽 이후 엄격해지기 시작해서 명청대에 이르러 더욱 강화되었는데, 이때가 중국 역사상 금욕이 가장 심하고 여자에 대한 성적 억압도 가장 심한 시기였다. 표면적으로는 程朱理學(정주리학)의 제창에 기인한 듯하지만 본질적으로는 봉건 통치자가 사회를 통제하려는 필요성에 기인한 것이었다.

다음 명대에는 徐皇后(서황후)의 ≪內訓(내훈)≫, 解縉(해진)의 ≪古今烈女傳(고금열녀전)≫, 呂坤(여곤)의 ≪閨範(규범)≫, 溫氏(온씨)의

≪母訓(모훈)≫ 등을 통해 정조관념이 널리 알려졌고 조정에서 제정한 법률이 이를 적극적으로 추진하여 사회적으로 엄격해지게 되었다. 그러다가 1368년, 태조 朱元璋(주원장)이 조서를 내려 절부를 표창함과 동시에 "무릇 민간의 과부 중 30세 전에 남편이 죽어 수절하고, 50세 이후까지 절개를 지킨 자는 마을 입구에 정문을 세워 주고 본가는 부역을 면제해 준다"는 규정을 만들게 된다. 그러다가 청대에 와서 정절은 의미가 매우 협소해져 마치 종교교리처럼 변했다. 1656년 청세조가 ≪內則衍義(내칙연의)≫를 편찬했는데, 이 책의 ≪守貞章(수정장)≫에는 "몸을 지키는 것은 여자에게 첫 번째 으뜸도덕이다"라 했고 ≪殉節章(순절장)≫에는 "아내가 남편을 위해 죽는 것은 예부터 내려온 큰 예법이다"라고 했는데 이 두 구절은 훗날 청대 아녀자들의 신조가 되었다.

이런 강력한 추진과 호소 아래 이른바 '節婦(절부)'와 '烈女(열녀)'는 갈수록 증가했다. ≪古今圖書集成(고금도서집성)≫의 <閨節(규절)>, <閨烈(규열)> 두 부분에서 '절부'와 '열녀'를 보면, 당대는 51명뿐이었는데 송대는 267명으로 증가했고 명대는 36,000명에 달했다. 청대에 이르러서는 안휘성 휴녕현에만도 2,200명에 달했다. 이 시기에 세운 사당과 정절을 기리는 牌坊(패방: 옛날 효자, 절부 등 남의 모범이 될 만한 행위나 공로가 있는 사람을 표창하고 기념하기 위해 세운 문짝 없는 대문)을 지금도 중국에서 찾아볼 수 있다.

중국 고대 여성들이 정절을 지키는 것은 몇 가지 상황이 있는데 크게 결혼 전과 결혼 이후로 나눌 수 있다. 첫 번째, 節婦(절부), 즉 남편이 죽은 뒤 개가하지 않은 여자가 있다. 두 번째, 烈婦(열부)가 있는데 열부는 남편이 죽은 뒤 죽음으로 절개를 다한 여자이다. 세 번째, 烈女(열녀)가 있는데 열녀는 출가하기 전인데도 신랑이 죽거나 다른 원인으로 인해 자살해 정절을 떨친 여자이다. 당시 조정에서는 절부와 열녀를 표창할 뿐 아니라 정절을 더럽힌 여성을 엄히 처벌했다. 그러나 어린 나이에 과부가 되어서 평생 개가하지 못하는 것은 사실 인성을 저버리는 행위이다. 정절을 지키는 가운데 심리적, 생리적으로 충돌을 일으키고 정신과 육신이 고통을 겪으며 차라리 살아 있는 것이 죽느니만 못한 경우도 있었을 것이다.

고대의 여러 국가에서 이러한 상황은 보편적이었으며, 당시 수많은 진보사상가들은 이에 대해 회의와 반대를 나타냈다. 예를 들어 일본의 유명한 여류시인이자 사상가인 與謝 野晶子(요사노 아키코)는 ≪貞操論(정조론)≫에서 여성에게만 강요되는 정조관념을 비판하고 있다. 그런데 우리나라에서는 아직도 처녀성에 대한 환상을 가진 사람이 적지 않은 것으로 보인다. 중국에서도 정조관념이 점점 깊어지면서 남자들의 처녀애호도 아울러 심해졌다. 처녀를 애호하는 고대 중국 남성들의 편집증적인 증세는 처첩을 자기 소유로 여기는 사유재산관념에 기인했다. 처녀애호의 또 다른 원인으로는 옛사람들의 처녀에 대한 미신, 즉 동정남과 처녀가 관계를 가지면 늙지 않고 양생할 수 있다는 관념에 기인했다. 원래 몽고족이 중국을 지배하게 되면서 많은 한족 유학자들은 박해를 피해 산중에서 은둔하게 되었다. 이런 상황에서 이들은 몽고족들로부터 여성의 정조를 보호하기 위해 유교예교를 더 엄격하게 적용했던 것이다. 이들은 '사고의 측면'과 '일반행위의 측면' 등으로 나누어 다음과 같은 도덕공과표를 만들기도 했다.

① 사고의 측면
색정적인 꿈(죄과1), 색정적인 꿈을 꾸고 자책하지 않고 상상 속에 그려 보는 것(죄과5), 색정적인 꿈을 꾸고 성충동 느낌(죄과5), 미색을 마주해 돌아봄(죄과1), 오래잖아 미인을 쳐다봄(죄과5), 괜히 사악한 생각을 함(죄과1), 음란한 마음으로 일부러 부녀자의 손을 잡음(죄과10)

② 일반행위의 측면

처를 가까이하고 부모를 멀리함(죄과100), 처첩을 많이 둠(죄과50), 여자를 편애함(죄과10), 하릴없이 여자의 용모를 평가함(죄과1), 남의 여자를 비웃음(죄과1), 어떤 여자의 음행을 칭찬함(죄과20), 음란한 노래를 부름(죄과2), 춘화를 몰래 숨겨 놓음(장당 죄과10), 음서, 음화, 음란한 노래를 창작, 간행함(죄과1,000), 음란한 놀이 연출(죄과20), 음란한 말을 함(죄과10), 남의 여자 손을 무심코 건드림(죄과1), 고의로 남의 여자 손을 건드림(죄과10), 위급할 때 여자를 구하기 위해 접촉함(죄과0), 이런 접촉으로 인해 잡념이 생김(죄과10)

③ 간통과 기생의 측면

남편 있는 부인과 사통함(죄과100), 하인의 처와 사통함(죄과50), 과부나 처녀와 사통함(죄과200), 비구니와 사통함(죄과500), 기생질(죄과20), 동성과의 성교(죄과50)

④ 성범죄의 측면

기혼녀를 강간함(죄과500), 하인의 처를 강간함(죄과200), 과부나 처녀를 강간함(죄과1,000), 비구니를 강간함(용서받을 수 없는 죄), 기생을 강간함(죄과50)

여기서 기혼녀를 강간한 죄가 500과로 엄청나게 큰 것은 이들은 절대 정절을 지켜야 할 사람들인데 이들을 건드려서 죄과가 크다는 말이다. 1,000과는 살인, 강간에 해당하는 과와 같으니 위에서 과부나 처녀를 강간한 과오와 동일한 것이다. 이 도덕공과표는 남성이 지켜야 할 항목을 정해 놓은 것 같지만 사실은 여성에 대한 억압을 바탕에 깔고 있는 것이다. 이 도덕공과표를 만든 남성들은 스스로 얼마나 잘 지켰는지 알 수가 없다.

## 3. 일부일처다첩제

　중국 고대의 남자들은 처는 하나만 둘 수 있지만 첩은 여럿을 둘 수 있었다. 혼인관계는 일부일처로 처와 첩은 결코 바뀔 수 없는 개념이었다. 부부가 하늘의 해와 달처럼 하나일 뿐이라면 첩은 별처럼 여러 명일 수 있는 것이다. 유가의 ≪三禮(삼례)≫에는 이와 관련한 명확한 규정이 나와 있다. 남성의 사회지위에 근거하여 처첩의 수와 명분이 정해졌다. 흔히 역사적으로 축첩현상을 '다처'라고 부르는데 실제로는 '일처일첩' 또는 '일처다첩'이 맞다. 옛 중국에서 본처의 지위는 첩에 비해 절대적이었다. 첩이 잘못하면 본처에게 맞거나 다른 곳에 팔려 가는 일도 있었다. ≪백호통·가취≫에 나오는 말처럼 결혼 첫날밤에야 신랑신부가 얼굴을 보게 되는 중매혼이 일반적인 혼인형태였다는 것은 앞서 언급한 바 있다. 남녀는 서로가 선택해서 결혼할 수 없었고 반드시 중매와 양가 가장의 주선을 통해 결혼이 이루어지되 ≪儀禮(의례)≫ <士昏禮(사혼례)>에 따라 六禮(육례)의 과정을 거쳐야 했다. 納采(납채: 신랑 측에서 청혼의 예물을 보냄), 問名(문명: 신부의 출생 연월일을 물음), 納吉(납길: 문명 후 길조를 얻으면 이것을 신부 측에 알림), 納幣(납폐: 혼인을 정한 증명으로 예물을 신부 측에 보냄), 請期(청기: 신랑 측에서 결혼날짜를 정하여 신부집에 동의를 구함), 親迎(친영: 신랑이 신부집에 가서 아내를 맞이함)의 육례가 그것이다. 이러한 중국의 예법은 조선시대에 이르러 우리에게도 큰 영향을 주게 된다.

　고대사회에서 전쟁에 진 쪽의 여성은 노동력일 뿐 아니라 주인의 성적 노리개가 되었다. 여자가 노예주의 마음에 들면 노예주의 아내보다는 지위가 낮지만 일반 노비보다는 높은 신분의 첩이 되었다. 즉 일부다처제(*정확히는 일부일처다첩제)는 중국고대 통치자의 재산이 확대된

결과라 할 수 있다. 이후 사회는 모계 씨족사회에서 부계 씨족사회로 변모되었고 사유재산제가 나타났다. 사유재산의 확대로 남녀 간에 불평등이 나타났고 일부다처제가 출현했다. 여성은 남성이 점유하는 일종의 재산으로 취급되었고 봉건사회에서 여성을 차별하는 관념은 더욱 보편화되었다. 생산력이 발전됨에 따라 남자들은 더 많은 재산을 가지고 정치적인 지도자로 성장했다. 많은 처를 가지고 많은 자녀를 낳는 것은 남자들에게 자기 세력의 확장을 의미했다. 그래서 포로가 생기면 죽이지 않고 남자포로는 노예로, 여자포로는 처첩으로 삼았다. 이런 사회에서 天子(천자)는 가장 큰 노예주였고 가장 많은 처첩을 거느렸다. 그리고 귀족들도 노예주로서 지위에 따라 여러 처첩을 거느렸다. 남자들은 처가 많은 것을 자랑으로 여겼고, 이것은 권력의 크기와 비례되었다.

고대 중국에서 천하의 모든 재산과 토지는 천자의 것이고, 천하의 모든 여성도 천자의 것이었다. 일부다처제는 그 시작부터 권력과 밀접한 관계가 있었는데 권력은 예교보다 위에 있었다. 따라서 일부다처제는 통치자들이 재물을 약탈하는 동인이 되었다. 일부다처제 가정에서 비용 지출은 처첩의 수량에 따라 증가한다. 천자는 막대한 재산을 보유하고 있었으므로, 그가 점유한 재산의 일부분을 다처와 다자녀를 위하여 쓸 수가 있다. 그러나 그 비용이 막대하여 국가경제의 정상적인 운용이 힘들어지는 경우도 있었다. 그럴 때 백성들에 대한 착취는 극심했다. 秦叔寶(진숙보), 孫皓(손호), 隋煬帝(수양제), 당현종 등 중국의 제왕들은 모두 후궁에 빠져 나라를 기울게 했다. 일부다처제는 제왕들의 무한한 소유욕을 만족시켰지만 실제로는 역대 왕조가 쇠망하는 중요한 원인이 되기도 하였다. 전대 왕조의 멸망의 원인이 부패와 후궁이 많은 데 있음을 목도한 통치자는 처첩의 수에 어느 정도 제한을 두었다. 그러나 새 왕조가 점차 안정되고 경제가 회복되면 전대 왕조의 멸망은 잊어버리고 황제는 또다시 후궁을 마구 들이게 된다. 이에 대해 동한의 陳蕃(진번)이 올린 상소에는 다음과 같은 내용이 있다.

"……모든 사람이 굶주리고 생활조차 유지하지 못하는데, 여자 수천을 뽑아서 고기를 먹이고 비단옷을 입히며 기름을 바르고 분칠하니 그 돈이 얼마인지 알 수가 없다. 속담에 도적도 딸 다섯 가진 집은 훔치지 않는다고 했다. 그것은 딸이 많으면 가난한 집이기 때문이다. 그런데 지금은 후궁이 이렇게 많으니 어찌 가난한 나라가 되지 않겠는가?"

진번은 일부다처제가 나라의 부를 고갈시킨다는 사실을 잘 알고 있었던 것이다. 황제 1인이 수많은 여인을 거느리는 반면에 사회 하층의 남자들은 여자를 못 구해 평생 홀아비로 살아가야 했다. 이에 대해 역사서에는 다음과 같은 비판이 등장한다.

"지금 수많은 궁녀들이 폐하를 모시고 있는데, 그중에는 처음부터 버림받고 있는 이도 있습니다. 이처럼 사람의 도가 통하지 않고 꽉 막혀 있는 것을 하늘에서도 알고 있을 것입니다. ……지금 폐하께서 궁녀들을 많이 쌓아 두고 있는 것은 하늘의 뜻을 거스르는 것입니다."(≪후한서≫ <낭개전>)

"지금 궁중에는 왕에게 딸린 여자가 수없이 많습니다. 그런데 밖에는 홀아비가 많고 왕에게 딸린 여자들은 울고 있습니다. 기후가 사나운 것도 바로 이 때문에 일어나는 현상입니다."(≪삼국지≫ <육개전>)

〈그림 44〉 일부일처다첩제

일부다처제, 더 정확히 말해 一夫一妻多妾制(일부일처다첩제)는 춘추시대 초기에 정착되었다. 예를 들면 ≪周官(주관)≫ 및 ≪昏義(혼의)≫에 있는 주대에 대한 기록을 보면 천자는 황후 1명, 비 3명, 嬪(빈) 9명, 世婦(세부) 27명, 御妾(어첩) 71명을 둘 수 있다고 한다. 한편 ≪獨斷(독단)≫에는 "제후는 한 번에 아홉 여자를 취할 수 있는데 마치 아홉 주가 있는 것과 같이 처 하나에 첩이 여덟이다. 경대부는 처 하나에 첩이 둘이다. 사대부는 처 하나에 첩이 하나다"라고 되어 있다.

妃(비)란 군왕의 집안에서 첩의 지위에 있는 여인이었다. 그러나 옛 중국에서 군주의 총애를 받는 여인은 종종 속죄양처럼 나라를 어지럽히고 정치를 망친 책임을 떠안기도 했다. 楊貴妃(양귀비)는 당현종이 가장 사랑했던 연인이었다. 그런데 그의 이름에 있는 '妃' 자에서 알 수 있듯이 그녀가 정부인은 아니었다. 양귀비뿐 아니라 그녀의 세 자매도 마찬가지로 당현종의 후궁이 되었는데 이를 媵妾(잉첩)이라고 한다. 잉첩이란 신부의 여동생이나 하녀를 첩으로 데려오는 것이다. 혼인제도 중 하나로서 잉첩제도는 ≪春秋胡傳(춘추호전)≫에 그 예가 보인다. 이에 따르면 옛날 제후는 아홉 명의 여자를 거느렸는데, 그중 잉첩이 두 명이었다고 한다. 이러한 잉첩제도는 우리나라에도 들어와 고려시대와 조선시대에 실시되었다. 법적으로 금지되어 있었으나 특히 조정과 상류층에서 많이 행해졌다. 그러면 옛 중국에서 일부일처다첩의 풍속을 짐작하게 하는 기록을 살펴보자.

韓侯(한후)가 아내를 맞이하는데
汾王(분왕)의 생질이 신부라
蹶父(궐부)의 큰딸이 시집가는 것
한후가 친히 나가 맞이하네
蹶地(궐지)의 골목에 도착하니
백 대나 되는 수레가 요란하네

이어져 달린 방울은 딸랑거리고
혼례는 영광스런 빛을 발하네.
(≪詩經(시경)≫ <大雅・韓奕(대아・한혁)>

그러나 결혼하는 신부 가운데 자기 하녀나 언니, 여동생을 남편의 소
실로 데려가고픈 여자가 있을까? ≪시경≫ <召南・江有氾(소남・강유
범)>에는 잉첩의 대상으로 점찍은 하녀를 신부가 안 데려가려 하자 하
녀가 답답해하는 내용이 나온다. 하녀 입장에서는 주인아씨 남편의 소
실이 되어야 형편이 풀리므로 시첩으로 가고픈 마음이 간절할 것이다.

강에 지류가 있네
우리 아씨 시집갈 때
나를 데려가지 않네
데려가지 아니하면
나중엔 후회하리

강에 모래섬 있네
우리 아씨 시집갈 때
나와 함께 가지 않네
함께 가지 않네
그러나 나중엔 함께 살게 되리

강에 샛강 있네
우리 아씨 시집갈 때
내게 들르지 않네
들르지 않네
그러나 나중엔 슬픈 노래하게 되리
(≪시경≫ <소남・강유범>)

그러나 뭇 남성들이 부러워하는 것처럼 한 명의 아내와 여러 명의 첩
을 거느리고 사는 것이 쉬운 일이 아니었다. 여러 명의 첩이 있을 때 남
편은 아무나하고 동침하는 것이 아니라 본처를 비롯한 모든 첩들을 성

적으로 만족시켜 줄 의무와 규정도 있었다. ≪예기≫의 <내칙>은 이에 대한 규율을 언급하고 있다.

> "첩이 비록 늙었다 할지라도 나이가 50세가 되지 않았으면 남편은 반드시 닷새에 한 번은 그녀와 관계를 가져야 한다."(≪예기≫ <내칙>)

이처럼 ≪예기≫에서 처와 첩을 여럿 둘지라도 동침의 규율까지 제시해 놓은 것은 왜일까? 그것은 가족의 질서를 유지하기 위해서였다. 중국의 대가족 전통을 살펴보면, 당고종 때 張公藝(장공예)의 경우 9대가 한 집에 살았다는 기록이 있다. 그렇다면 적어도 가족이 100명이 넘었을 것으로 보인다. 본처와 처, 첩, 이들의 몸종, 머슴, 유모까지 합치면 엄청난 대가족이다. 처첩들의 질투 속에서 질서를 잡아야 하는 가장의 역할, 그 고뇌는 남자들의 생각만큼 쉬운 것이 아니다. '嫉妬(질투)'라는 한자어를 보면 '嫉'과 '妬', 두 글자 다 '女' 자가 있는데 어원적으로도 여자의 강한 질투심을 엿볼 수 있듯이 가장의 고뇌를 짐작할 만하다.

일부다처제하의 가정문제는 명대소설 ≪금병매≫에서도 잘 드러난다. ≪금병매≫에서 주인공은 서문경과 반금련이다. 서문경의 본처는 吳月浪(오월랑)이고 반금련은 서문경의 다섯 번째 첩이었다. 서문경은 반금련을 다섯째 부인으로 맞아들이고 또 친구의 아내인 李瓶兒(이병아)를 여섯째 부인으로 삼는다. 그러자 반금련에 의해 첩끼리 반목이 발생하고 주변 사람들 간의 복잡한 관계가 맺어진다. 첩들 간의 질투와 추종, 사기와 불행 등 온갖 악덕이 난무하고 이에 따른 불행이 이어진다. 본처 오월랑에게는 아이가 없었는데 다른 첩이 아이를 낳자 반금련은 질투심에 고양이를 길들여 그 아이를 물어 죽이게 한다. 허구적인 이야기지만 이런 내용은 당시 일부일처다첩제에서 가정의 분열상을 잘 반영한다고 할 것이다.

## 4. 기생

〈그림 45〉 馮暉(풍휘)의 무덤벽화에
있는 시녀

그렇다면 기생은 중국에서 언제 유래되었으며 예교 속박의 시대에 어떤 역할을 했는지에 대해 알아보자. 원래 기생은 중국에서 '奴婢(노비)'에 속했다. '奴'는 남자이고 '婢'는 여자인데 시첩이나 家妓(가기: 집의 기생)는 '婢'의 범주에 속했다. 역사서에서는 때때로 가기와 시첩을 혼동해서 쓰기도 하는데 실제로는 구분되었다. 시첩은 직분이 있지만 가기는 정식 직분 없이 첩과 시비의 중간 위치였다. 첩은 주로 젊고 예뻐야 하고 주인에게 성적 서비스를 제공해야 하지만 가기는 성적 서비스 외에도 엄격한 훈련을 받아 주인에게 가무나 음악과 같은 예술과 오락을 제공해야 했다. 이들은 남을 위해 노역하고 시중을 드는 여성이었다. 법적 지위에 있어서 노비로서 이들의 신체는 주인의 소유로 재산과 마찬가지였다. 이들은 인격이나 자유가 없었고 자손과 가계가 세습되었다. 형법적으로 시녀, 가기는 불평등한 대우를 받았다. 고대에 평민여성을 강간하는 것은 범법행위로서 여성이 강간에 저항하면 법적 보호를 받을 수 있었다. 그러나 주인이 자기 집 시녀를 강간하는 것은 ≪唐律(당률)≫이나 元代(원대) ≪刑法志(형법지)≫에 아예 처벌할 조항이 없었기에 죄를 묻지 않았다.

앞으로 제4장 [중국 미녀의 사랑과 성] 2절 '말희'에 대한 소개를 통해 하나라의 여악과 여자배우 수가 3만이었다는 것을 설명하게 될 것이다. 더 구체적으로 한대 劉向(유향)의 ≪烈女傳(열녀전)≫ <夏桀妹喜傳(하걸말희전)>을 살펴보자.

> "걸왕은 이미 예의를 버렸으니, 아녀자들과 음란한 짓을 하고 미인을 구하여 후궁에 모아 놓고 괴이한 짓을 했다. 놀이에 뛰어난 난쟁이 배우와 스스럼없이 노는 부랑배들을 거두어 곁에 두었다. 화려한 음악을 만들어 밤낮으로 말희와 궁녀들과 쉬지 않고 술을 마시고 말희를 무릎 위에 앉혀 놓고 그녀의 말을 들었다."

어원적으로 '기녀'는 결코 매춘을 직업으로 삼는 것이 아니라 가무를 직업으로 했다. ≪설문해자≫에는 "기는 여인네의 작은 기예다(妓, 婦人 小物也)"라고 했다. '妓' 자는 '伎(기)', '技(기)' 같은 글자와 고대에는 통용되었는데 '娼(창)'이나 '倡(창)'과 같은 자와 연관되어 쓰일지라도 가무예술에 종사하는 여성을 가리키는 것이었다. 역사서에도 '妓'와 '倡'은 女樂(여악: 집안의 여자기생)으로 해석된다. 그래서 중국의 기녀는 노예사회에서 노예주 집안에서 키웠던 가기에서 비롯되었을 것으로 본다. 기녀를 소유한 노예주가 제왕이면 그 기녀는 궁기이고 귀족이면 가기가 된다. 그리고 관기는 지방 관부의 악적에 오른 기녀를 말한다. 위에서 예로 든 <하걸말희전>의 기록에 따르면 관기는 하왕조에 이미 출현했다고 할 수 있다.

몸을 팔아 돈으로 바꾸는 여자를 기녀라고 하는 것은 후대에 들어온 뜻이다. 매춘은 인류 역사에서 가장 오래된 직업 가운데 하나이지만 중국에서 현존하는 자료상으로는 돈을 벌기 위해 몸을 파는 기생의 출현은 비교적 늦다. 이들의 변화는 대체로 세 단계로 나뉜다.

첫째, 예술을 파는 단계로 위진남북조까지 거슬러 올라간다.

둘째, 예술과 섹스를 제공하는 단계로 가무를 할 뿐 아니라 사대부들의 성적 대상이 되었다. 수당부터 원말명초까지의 시기에 해당된다. 이무렵 주목할 만한 현상으로는 女樂(여악)이 출현한 것이다. 여악은 오늘날 기생의 효시로 음악을 연주하고 손님접대도 하는 그런 여자이다. 이들은 왕후장상의 공식적인 연회, 즉 파티 자리에서 가무를 하는 여자들이었다. 그녀들은 주인은 물론 주인의 가신이나 빈객들과 난잡하게 몸을 섞었다. 이들은 매매의 대상이 되기도 하고 선물로 보내지기도 했다. 춘추전국시대는 여성의 정절이 중요시되지 않던 시대여서 여자들은 전리품 정도로 치부되어 왕이 소유하거나 전투에 공을 세운 신하들에게 골고루 나뉘기도 했다. 원래 중국에서는 殷(은: B.C 1783~B.C 1122)나라 때 이미 매춘업이 있었다고 한다. ≪東周策(동주책)≫에 의하면 중국에서 정식으로 기원이 설립된 것은 춘추시대 齊(제)나라 재상 管仲(관중)이 설립한 女閭(여려)에서 비롯된다. '閭(려)'는 門(문)으로 궁중에서 성문에 기원을 만들어 여자들을 살게 한 데서 유래했다. 관중이 국가적으로 기원을 설립한 이유는 여러 가지가 있었다.

> 첫째, 화대를 거두어 국가의 수입을 증대하기 위해서이다.
> 둘째, 남자들의 성욕을 해결하고 여자노예를 대량으로 안주시키기 위함이다.
> 셋째, 여자를 좋아하는 유세객을 끌어들이기 위함이다.
> 넷째, 제환공에게 오락을 제공하기 위해서이다.

관중이 기원을 설립하자 다른 나라에서도 이를 모방했다. 어떤 제후는 미인계를 활용해서 다른 나라를 제압하기도 했다. 한편 전형적인 營妓(영기), 즉 종군위안부는 ≪越絶書(월절서)≫와 ≪吳越春秋(오월춘추)≫

의 기록에서 그 기원을 엿볼 수 있다. 越王 句踐(월왕 구천)이 과부를 산 위로 보내 병사들에게 성을 제공하고 사기를 진작시켰다는 것이다. 이런 영기제도는 한대에 정식으로 확립되었다. ≪漢武外事(한무외사)≫에는 "한무제가 처음 영기를 설치하여 병사들 중 아내가 없는 자들을 접대했다"는 구절이 있다. 이 역시 가정을 떠나 장기간 군영에 머무르는 수십만 병사들을 위로하고 사기를 높이기 위한 것이었다.

私妓(사기)는 춘추전국시대에 이미 존재했으며 진한시대에는 宮妓(궁기)가 대단히 성행했다. 또 귀족들이 집안에 가기를 두는 풍속도 유행하기 시작했다. 위진남북조에 이르러 가기를 두는 풍속은 더 성행했다. 이런 예에서 중국 기생의 시작을 엿볼 수 있으나 이들이 상업적 목적으로 매춘을 했는지에 대한 충분한 자료는 없다. 순전히 돈을 벌기 위한 매춘의 시작은 唐(당)나라 때로 여겨진다. 이후 폐쇄적인 宋(송)대에 매춘이 잠시 수그러들었지만 元(원)대에는 매춘의 국제화가 이루어졌다.

이렇게 기생이 매춘 위주로 생계를 유지하는 단계가 셋째 단계이니 명청대 이후가 해당된다. 직업으로서 당나라 때의 기생은 官妓(관기)와 歌妓(가기)가 있었다. 관기는 지방에서 관아의 관리를 받았는데 이들이 모인 곳을 樂營(낙영)이라고 불렀다. 또 飮妓(음기)라는 것도 있었는데 이들은 관원의 연회에서 함께 마시면서 흥을 돋우는 역할을 했다. 새로 진사시험에 합격한 자는 牒召(첩소)를 가지고 음기를 부를 수 있었다고 한다. 여러 관서에서 음기를 불렀지만 당시 관기는 관원을 위해 봉사하는 과정에서 성관계를 맺었을 뿐이다. 즉 서로 간에 연정이 생겨 관계를 맺었기 때문에 돈이 있다고 해서 이들을 농락할 수 있었던 것은 아니었다.

宋代(송대)에는 官妓(관기)와 家妓(가기) 모두 대단히 성행했다. 사대부들은 집에 가기를 두었으며 술자리에는 관기와 술을 주고받으며 놀았다. 당시의 관점으로는 사대부가 기녀와 술을 마시며 시를 唱和(창화)하

며 원만하게 지내면서 일정한 선을 넘지 않는 것을 풍류로 보았다. 明代(명대)에도 사대부 집에 가기를 두는 경우가 흔했지만 관기는 점차 줄어들고 영리를 목적으로 하는 기방이 흥성하게 된다. 이것은 도시가 발전하면서 나타난 현상이다. 매춘업이 발생한 것은 도시의 출현, 상업의 발달과 밀접한 관계를 가지고 있다. 즉 관료뿐만 아니라 돈 있는 자라면 누구나 여자와 즐길 수 있게 된 것이다.

청말 이래 매춘업은 주업과 부업의 구분이 생기게 되었다. 주업으로 하는 기녀는 공개적이고 직접적으로 매춘을 하며

〈그림 46〉 관기

성적 서비스를 제공하는 것이고 부업으로 하는 기녀는 명목상 매춘을 하지 않지만 몰래 매춘을 하는 경우이다. 옛 중국의 여성이 매춘업에 빠지게 되는 데는 다섯 가지 유형이 있었다.

첫째, 자신의 몸을 저당잡히게 된 경우가 있다. 둘째, 자신의 몸을 상품으로 파는 경우이다. 셋째, 가난한 집안의 남편이 딸이나 아내를 기방에 빌려 주는 것으로 시간당 얼마로 보수를 받고 빚을 갚았다. 넷째, 인신매매로 외지의 기방에 팔려 온 경우가 있었다. 다섯째, 스스로 윤락녀가 된 경우이다.

인신매매로 팔려 온 여성들은 인간 이하의 대우를 받았다. 심지어 일부러 눈을 멀게 한 맹인기녀도 있었으니 이를 瞽女(고녀)라 했다. 고녀는 원래 일본어의 고유명사로 일본 '越后(에찌고)' 지역(현재의 新潟: 니이가타)을 떠돌던 두 눈이 먼 여성예인들을 뜻했다. '에찌고고녀'는 눈

이 엄청 많이 오는 에찌고 지역에 있었던 여인들이다. 바로 일본의 작가 家川端康(가와바타 야스나리)가 지은 소설 ≪雪國(설국)≫에서 묘사한 큰 눈이 내리는 지방이 그곳이다. 이곳의 겨울은 길고도 혹독해서 사람들은 열악한 생활여건과 끝없이 싸워야 했는데 고녀들의 공연은 이들의 단조로운 일상에 위안거리가 되었다. 고녀들은 신체적으로 불구여서 정상인처럼 생계를 이어 갈 수가 없었고 기예를 배워 파는 수밖에 없었다. 기록에 의하면 室町 幕府(무로마찌 바쿠후)시대, 즉 14세기부터 에찌고 고녀가 생겼다고 한다. 그녀들은 삿갓을 쓰고 짚신을 신고 등에는 큰 보따리를 지고서 여러 촌락을 떠돌았다. 촌락에는 고녀들을 위해 무료로 숙박을 제공하는 '고녀여인숙'이 따로 있었다. 고녀들은 그곳에 머물면서 저녁이 되면 여관에서 사람들을 위해 공연을 했다. 그다음 날부터는 각 가정을 돌면서 공연을 했다. 매년 에찌고의 사람들은 계절이 바뀌면 철새가 돌아오기를 기다리듯 고녀들의 방문을 간절히 기대했다.

그런데 고대 중국의 고녀는 이와 좀 달랐다. 옛날 중국의 인신매매꾼들은 가난한 집의 어린 딸을 사다가 꼬챙이로 눈동자를 찔러서 눈을 멀게 했다. 소경이 된 고녀들은 노래를 익히고 악기 다루는 것을 배우고 사내를 기쁘게 하는 온갖 성기교를 배웠다. 그런데 멀쩡한 소녀를 장님으로 만든 것은 왜일까? 그것은 이들이 성의 노리개일 뿐, 손님으로 받을 남자를 가리지 못하도록 하기 위해서였다. 손님의 외모를 보지 못하면 남자에게 연정을 느끼지 못할 테니 오로지 성의 도구로서 헌신적으로 봉사하게 될 것이다. 고녀는 여성을 철저히 성의 노리개로 만든

〈그림 47〉 예인과 기녀

잔혹한 차별의 산물이었던 것이다. ≪四庫存目叢書(사고존목총서)≫子部(자부) 제105책, 田藝衡(전예형)의 ≪留青日札(유청일찰)≫ 21권을 보면 이들이 이성매춘은 물론 동성매춘도 한 것으로 나와 있다.

이 모두가 옛날에 굶어 죽거나 질병으로 인해 고통받은 사람들이 수없이 많았기에 벌어졌던 일이었다. 불구가 되더라도 몸을 팔면 먹고사는 일은 해결할 수 있다는 절박함이 생계의 방편으로서보다 우선되었을 것이다.

# *부록: 한국에서 정절관의 유래와 변천

## 1. 가부장제와 여성의 수난

한국 사람들이 아들을 낳으려는 이유는 어디 있을까? '대가 끊어지면 조상 뵐 면목이 없으니까', '제삿밥은 얻어먹어야지' 하는 인식 때문이다. 집안의 남성이 대를 잇는 것을 원칙으로 하기 때문에 아들은 유산을 상속받지만 딸은 제사도 지낼 수 없다. 딸은 출가외인일 뿐, 열심히 키워 봤자 그저 남이 되는 존재일 뿐이다. 우리는 이런 전통을 근대 규율로 제도화한 것이 호주제라고 생각하기 쉽지만 호주제가 법적으로 만들어진 것은 일제시대였다. 일제가 조선을 통치할 수단으로 한 가정의 남자를 호주로 하는 가족단위의 호주를 만들었고 이를 기준으로 호주제가 만들어진 것이다. 그러나 조선 초기 이전은 물론 고려, 삼국시대에도 남녀의 상속 및 한 가족 구성원의 대표로 남자를 규정짓지는 않았다. 고려시대까지는 외손도 가계를 계승했고, 재산도 아들딸 구별 없이 고르게 상속받았다. 아들을 원한 것은 왕위계승이라는 명분 때문이었다. 물론 조선시대에도 이러한 제도는 있었다. 그러나 조선은 지금과 같이 남자를 중심으로 한 호주제는 결코 아니었다. 남자 중심의 가족주의는 임란 이후, 즉 조선 중기 이후 철저한 남성 위주의 가부장적 질서가 자리 잡게 되었다.

'남녀칠세부동석'을 강요했던 과거에도 성교육이 이루어졌다. 조선시대에는 오히려 지금보다 더 철저한 성교육이 이루어져서 성교육만 따로 가르치는 과목이 있었다. 남자들은 서당에서 천자문뿐만 아니라, '保精(보정)'이라는 과목을 통해 성교육을 받았다. 보정은 곧 성생활에 대한 지식을 습득하여 절도 있는 몸가짐을 가지고 지혜 있는 성생활을 하도록 하는 과목이었다. 이 당시 서당의 과목들을 보면, ≪童蒙先習(동몽선습)≫이나 ≪천자문≫ 같은 기초교재를 뗀 다음 四書三經(사서삼경)을 배웠다. 바로 인간사의 예의와 국가와 사회, 가정을 아우르는 하나의 법도를 익히고, 조선시대의 사회적 근간인 유교에 대한 이해를 증진시키기 위함이다. 이러한 예의와 법도를 다 익힌 다음에 보정을 배웠던 것이다.

보정에는 섹스를 어떻게 해야 하는지, 인간으로서 어떤 자세로 섹스에 임해야 되는지를 다루었다. 내용 중에는 성교 횟수도 포함되어 있는데 중국 도가서인 ≪抱朴子(포박자)≫의 내용을 들어 20대는 3~4일에 1회, 30대는 8~10일에 1회 정도가 적당하다고 가르치고 있다.

이 외에도 冠禮(관례: 15~20세 사이에 치르는 성인식)를 전후해서 집안의 어른들이 '상투탈막이'라는 글귀를 강제로 암기시키는 관례가 있었다. 상투탈막이는 민간에 구전되어 온 7언 절구시로 만들어져 암송하기 편하게 만든 성지식이었는데, 그 내용은 성의 기본상식 같은 것이었다. 예를 들면,

골짜기 속 복숭화 꽃은 어디에서 찾을까?(洞裏桃花何處尋)
그 깊이가 1촌 2푼이라는데(都來一寸二分深)

이후 장가가기 전에는 집안 어른 집에 들러야 하는 풍습이 있었는데, 이를 '삼촌집 사랑들이'라고 하였다. 이것은 '상투탈막이'에 비하면 실

전 성지식으로 아들을 낳기 위한 성교육이었으니 '어떠한 날 자식을 낳아야 나중에 좋다더라' 하는 식이었다.

이런 성교육은 비단 남자에 국한되지 않았다. 여자에 대한 성교육은 주로 '어떤 날에 남녀가 합방을 해야 임신할 가능성이 가장 큰지, 즉 씨 내리기 좋은 날인지'였다. 예를 들면 월경이 끝날 즈음 깨끗한 무명 조각을 음도에 꽂았다가 빼어 보아 그 색깔이 엷으면 회임의 적기가 지난 것이고, 새붉으면 아직 적기에 이르지 않았다고 한다. 또 금빛이면 회임의 적기로, 나흘 안에 홀숫날 씨를 내리면 아들이 나오고 짝숫날은 딸이 나온다는 식의 교육이었다. 이처럼 조선시대의 성교육의 목적은 오늘날처럼 피임을 위한 것이 아니라 임신을 하여 좋은 자손을 얻는 방법을 가르치는 데 치중했던 것이다.

아들낳기를 우리 조상들은 절실히 염원했다. 구멍이 파져 있는 바위를 공알바위라 불렀는데 여기에 남근을 상징하는 뾰족한 돌멩이를 비벼대며 치성을 드렸다. 지금도 전국 도처에는 남근 모양의 아들바위가 산재해 있는데 아직도 치성을 드리는 사람들이 있다. 또 남근의 상징인 돌부처의 코를 갈아서 물에 타서 마시면 아들을 낳는다고 믿었는데 지금 전국에 남아 있는 돌부처 대부분 코가 남아 있지 않은 것은 이런 연유에서이다. 또한 제주도에 가면 신혼부부들이 돌하르방의 코를 만지며 사진을 찍는 풍습이 지금도 있는데 이 또한 같은 의미이다. 그리고 주술적인 방법도 사용되었다. 아들을 낳은 산모의 옷이나 월경포를 얻어 와서 지니고 다녔다. 아들을 낳고 매단 금줄에 달린 고추를 몰래 훔쳐 오거나, 금줄을 달여서 마시기도 했다. 또 여성이 음기의 상징인 달을 들이마시는 풍속도 있었다. 음의 정기를 받아들여 여성의 음기를 보강하려는 목적이었는데, 달이 갓 뜰 때 달을 향해 크게 숨을 들이켰다가 내뱉는 일을 반복했다. 한 번 숨 쉬는 것을 일기통이라 했는데 한 번 할 때마다 손뼉을 치며 한 숨통, 두 숨통 숨을 들이켠 다음 여덟 숨통이 되면 크게 내뱉는다. 궁중에서도 왕비나 후궁 또 승은을 입고 싶은 궁녀들은 밤새워 27기통까지나 달을 들이마셨다.

아들에 대한 이런 기대는 꿈을 통해 아이의 성별을 예측하는 문화로 이어졌다. 해와 별, 용, 신선, 부처나 남성의 성기를 상징하는 과일(대추, 밤, 사과)과 야채(고추, 가지, 오이)를 먹거나 받는 꿈은 아들 낳는 꿈, 복숭아, 구슬, 열매, 꽃, 뱀, 금붕어, 은비녀 등은 딸 낳는 꿈으로 여겨졌다. 지금도 남아 있는 사고방식이지만 임산부의 배가 편평하면 아들이고 솟아 있으면 딸이라고 여겼다. 또 임산부가 남쪽을 향해 갈 때 불러서 왼쪽으로 돌아보면 아들이고, 오른쪽으로 돌아다보면 딸이라고 여겼다.

심지어는 뱃속 아기를 주술을 통해 아들로 바꿀 수 있다는 미신도 있었다. ≪동의보감≫에 따르면 임신 3개월까지는 태아의 성이 정해지지 않아 약을 먹거나 여타 방술로 바꿀 수 있다고 되어 있다. 이런 여러 가지 기도와 주술을 동원해도 아들을 낳지 못하면 씨받이 여인을 들이기도 했다. 씨받이로는 대개 천한 신분으로혼인에 실패한 젊은 과부나 건강하고 아들을 잘 낳을 수 있는 몸매를 가진 여인이 간택되었다. 물론 아들을 낳아 주는 조건으로 논밭 몇 마지기의 보수를 받았는데 딸을 낳으면 곡식 몇 섬을 양육비로 받을 수밖에 없었다.

이처럼 자식 못 낳는 허물을 여자에게 다 전가시키고 씨받이를 들였지만 임신을 못 하는 경우가 있다. 바로 남자의 가임능력에 문제가 있는 경우인데 집안의 대를 잇게 해 줄 남자를 들이는 풍속도 있었다. 이것이 바로 씨내리인데 사대부집의 명예가 걸린 만큼 상당히 은밀히 추진되었다. 이렇게 며느리가 몰래 들인 씨내리의 아들을 낳더라도 여성에게만 정절을 강요하는 당시 윤리규범에서 남편에게 버림받고 며느리로 대접도 받지 못하는 경우가 많았다.

이와 같은 풍속에서 알 수 있듯이 아들을 낳든 못 낳든 모든 책임이 여성에게 전가되며 여성에게만 험난한 고행이 요구되었다는 점을 알 수 있다. 그러나 상술한 바와 같이 아들이 절대적으로 여겨진 것은 17세기 중엽부터 18세기 이후의 일이었을 뿐이다. ≪삼국유사≫에 의하면 신라시대 여성들의 남편에 대한 정절은 남편이 살아 있을 때 지키는 것이며 남편이 없는 과부가 다시 시집가는 것은 자연스러운 일로 되어 있다. 고려사회에서도 정절은 강조되지 않았고 재혼도 자유롭게 허용되었다. 재혼에 대한 규제는 고려 말 공양왕 때 처음으로 생겨났는데 조선 건국의 주체세력이 새 왕조 개창기에 성리학적 정절관을 제도화하려는 시도에서 비롯되었다. 이렇게 조선사회에는 삼강오륜을 중심으로 한 성리학적 사회윤리가 강조되었다. 삼강오륜 또한 가족윤리에서 시작된 것이다. 삼강은 君爲臣綱(군위신강), 父爲子綱(부위자강), 夫爲婦綱(부위부강)을 말하며 오륜은 ≪孟子(맹자)≫에 나오는 父子有親(부자유친), 君臣有義(군신유의), 夫婦有別(부부유별), 長幼有序(장유유서), 朋友有信(붕우유신)을 말한다. 즉 아버지와 아들 사이에는 친애가 있으며, 임금과 신하 사이에는 의리가 있고, 부부 사이에는 구별이 있으며, 어른과 아이 사이에는 차례가 있어야 하며, 친구 사이에는 믿음이 있음을 말한다.

"신하는 두 임금을 섬기지 않고 부인은 두 남편을 섬기지 않는다"는 말도 있듯이 신하에게는 충이, 부인에게는 정절이 필수로 요구되었다. 이렇게 조선시대에 들어와 남녀차별적인 예교가 강요되었지만 남편 사후에 자유로이 개가하던 고려시대의 관습이 금방 바뀐 것은 아니다. 조선 초까지는 여성의 재혼에 법적 제재가 없었기 때문에 고려의 관습이 그대로 지속되었다. 성종대에 와서야 여성의 재혼은 금지되었다. 이 재혼규제법은 양반부녀의 재혼을 간접적으로 억제하는 방법이었지만 인륜지대사를 법금만으로 다스릴 수는 없었다. 간혹 불이익을 감내하고라도 재혼하는 경우가 있었다고 한다. 더욱이 일반 백성에게는 별 실효성이 없었으니 국가에서는 자발적 수절을 유도하는 旌表(정표)정책을 실시하기도 했다. 이 정책은 재혼하지 않고 수절한 여성의 집 앞에 정려문을 세워 덕행을 자손만대에 알리고 그 집안에 세금을 면해 주거나 상금을 하사하는 식이었다. 이렇게 새 질서 확립의 움직임이 활발히 전개되던 중종 이후 정절장려운동이 본격 추진되었다.

극단적인 정절교육의 결과로 점차 재혼금지는 관직과 무관한 일반 백성에게까지 영향을 미치게 된다. 여성들이 정절을 목숨보다 소중히 여기고 과부의 수절이 당연한 의무인 양 생각하는 풍조가 나타났다. 혼례만 올리고 폐백도 하지 않았는데 신랑이 급사하자 평생 수절하게 된 마당과부, 사주단자를 받았는데 정혼자가 죽어 평생 수절하는 처녀과부가나타났고, 첩에게도 수절이 강요되었다. 임란과 병란 후에는 질서를 회복하고 안정을 추구하기 위해 예를 강화함으로써 정절과 순종이 더욱강조되었다. 조선 초에는 수절이 표창 대상이었다. 그러나 후기로 가면서 남편이 죽은 뒤 따라 죽거나 남편묘소 옆에서 삼년상을 치르며 시부모를 봉양하거나, 과부로 살다가 절개를 지키기 위해 자결하고, 남편을위해 목숨 버리는 극단적 행위를 한 여성들이 열녀로 표창받았다. 그러자 가문의 명예를 드높이기 위해 개가한 여자가 가족에 의해 죽임을 당하기도 했고 마을에 행실 나쁜 여자가 있으면 마을사람들이 그 가족을쫓아내기도 했다.

이렇게 남녀 간의 예교를 만들어 억압해도 남녀 간의 자연스러운 감정을 억누를 수는 없었다. 암암리에 내연남을 두고 생계를 의지하던 과부가 적지 않았으며 보쌈으로 불리는 공공연한 과부 약탈풍습도 있었다. 합의 없이 약탈해 가는 경우도 있지만 대부분은 당사자 간에 합의한뒤 약탈해 가는 경우로 주로 과부나 소박녀가 대상이었다. 드물지만 ≪어우야담≫에는 과부 쪽에서 총각을 약탈하는 기현상도 있었음을 기록하고 있다. 이 습속은 주로 처녀과부를 둔 양반 가족집에서 은밀히 행해졌다고 한다.

조선시대 이전에는 재혼이 자유로웠기 때문에 이혼도 상대적으로 쉬웠다. 부부 중 어느 한쪽이 불륜 등을 저질렀을 때는 이혼하는 데 별 규제가 없었다. 조선조의 이혼사유로는 七去之惡(칠거지악)이 있었다. 칠거지악은 다음과 같다.

不順瞿姑(불순구고): 시어머니를 노려보고 불순하게 하는 행동
無子(무자): 아들이 없는 것
惡行(악행): 행실이 나쁜 것
惡疾(악질): 나쁜 병을 가지고 있는 것
口舌(구설): 입이 가벼워 시비를 많이 저지르는 것
淫行(음행): 외간남자와 사통하는 것
盜竊(도절): 도적질하는 것

이 모든 허물은 도적질을 제외하면 다 가부장적 가족질서 유지를 위한 것이다. 그것은 유교사회를 지탱하고 있는 윤리의 붕괴는 곧 국가 기강의 붕괴로 이어질 수 있기에 강요되었다. 이렇게 극단적으로 여성차별적인 예교가 있었지만 이혼이 남발되지는 않았다. 칠거지악으로부터 여성이 보호되는 최소한의 조건, 바로 三不去(삼불거)가 있었기 때문이다. 삼불거는 다음과 같다.

첫째, 부모가 돌아가신 후 삼년상을 같이 치른 경우
둘째, 가난하게 살다가 부자가 된 경우
셋째, 아내가 돌아갈 곳이 없는 경우

그러나 시부모에게 불효하거나 간통을 했을 때는 예외로 무조건 이혼

을 허락했으며 처가 남편을 구타했을 때에도 남편이 원하면 무조건 이혼할 수 있었다. 이혼은 대개 남편 쪽에서 일방적으로 아내를 내쫓는 형식으로 이루어졌다. 그러나 조선시대 양반남자들의 이혼은 허용되지 않는 분위기였다. 양반이 혼인할 때는 왕의 허락을 받지 않아도 되지만 이혼할 때는 허락을 받아야 했다. 그래서 양반이 부부생활을 유지할 수 없을 때 이혼하지 않고도 서로 보지 않는 방법은 남편이 마누라를 소박하는 것이었다. 그 다음 남편은 마음에 드는 여자를 첩으로 들여 데리고 살았는데 이렇게 소박맞은 여인은 친정으로 돌아와 평생을 소박데기로 무시당하며 살아야 했다.

그러나 서민은 양반과는 달리 결혼은 물론 이혼도 왕의 허락을 받지 않았다. 서민이 이혼하는 경우는 대부분 칠거지악 때문인데 양반층보다는 이혼이 상대적으로 쉬웠다. 이혼에 대한 법규정이 없었기 때문에 事情罷議(사정파의)라는 부부간의 합의로 헤어졌다. 사정파의는 이혼하지 않으면 안 될 사정에 놓였을 때, 부부가 서로 마주하고 이혼할 수밖에 없는 사정을 이야기하고 서로 승낙받는 것을 말한다. 사정파의는 표면상으로는 합의이혼을 뜻하지만 남편이 종용하고 이 요구를 거절하는 여자는 자동적으로 버림받았다. 따라서 실질적으로는 합의를 가장한 강제이혼이었다.

또 割給休書(할급휴서)라는 방식도 있었다. 이혼할 때 깃저고리 조각을 베어 주는 것으로 대개 남자가 여자에게 주는데 이 조각은 이혼증서 역할을 하는 것으로 '휴서' 또는 '수세'라고 했다. 남자가 여자에게 이혼의 증빙물을 주는 것은 여자의 장래를 위한 것이었으니 이 증서를 가진 여자들은 다시 결혼할 수 있었다. 대부분 서로가 헤어지기 싫으나 어쩔 수 없이 함께 살 수 없는 경우였지만 간혹 이 증서를 받으려는 여자와 주지 않으려는 남편과의 실랑이가 벌어지기도 했다. 자의든 타의든 소박당한 여자의 처지는 애처롭기 짝이 없었다. 휴서 또는 나비라 불리는 세모꼴의 옷조각을 지닌 소박녀들은 등에 이불보를 진 채 이른 새벽 성황당 앞을 서성거렸다. 이 소박녀를 처음으로 본 남자가 데리고 살아야 하는 풍습이 있었기 때문이다. 소박녀가 처음으로 만난 남자에게 나비를 보여주면, 남자는 여자가 등에 진 이불보로 보쌈하여 집으로 데려갔다. 이를 拾妾(습첩)이라고 했는데 최초로 만난 남자가 양반이든 백정이든, 노총각이든 홀아비든 무조건 데리고 살아야 하는 관습이었다.

이런 문제를 제대로 인식한 실학자들은 사회개혁 차원에서 과부의 재혼을 허용할 것을 주장했다. 이후 갑오농민항쟁 때는 '과부재혼의 전면 허용'이 요구조항으로 등장하기도 했다. 과부의 재혼은 1894년 추진된 甲午更張(갑오경장)에서 처음으로 허용되었다. 그러나 재혼 금지조항이 법적으로 폐지된 것에 불과했고 여성은 일부종사를 해야 한다는 관념은 여전하여 오랫동안 과부의 수절이 미덕으로 칭송되었다.

## 2. 여성의 금지된 사랑

시대가 바뀌어 요즘은 불륜을 소재로 한 드라마가 인기이다. 사랑이 자연스러운 인간의 본성이라면 그것은 정해진 틀 내에서만 이루어질 수 없는 것은 인지상정이다. 그렇다면 정상적인 부부나 남녀관계가 아닌 금지된 사랑을 시도해 보는 것이 꼭 도덕 불감증 때문만은 아닐 것이다.

오늘날 시각에서 불륜이라는 것은 일부일처제에서 기원한다. 군혼잡교가 이루어졌던 원시시대에는 일부일처라는 개념이 없었다. 이후 농경과 목축이 발달하고 사유재산 제도가 생겨나면서 재산상속을 위해 嫡子(적자)를 확보하고자 했다. 그 외에는 간통으로 처벌했으니 이렇게 배타적인 일부일처제가 생겨나고 고대국가가 형성되면서 법으로 제도화된 것이다. 고대의 이런 간통률은 결혼한 사람들에 한해 적용되었다. 신라 김춘추와 김유신의 누이가 결혼 전에 임신한 것이나 원효와 요석공주가 결혼에 구애받지 않고 사랑을 나누는 등의 기록에서 이를 알 수 있다. 이후 고려에 와서 간통의 개념에 변화가 일어났다. 즉 결혼제도가 정비되면서 배우자가 있건 없건 결혼 이외의 성관계는 모두 간통으로 간주되었다.

조선시대에 와서는 성리학을 국시로 삼음에 따라 결혼에 관해 엄격한 제도가 마련되었다. 간통의 범주가 넓어져 양인과 천인의 결혼, 가까운 친척끼리의 결혼, 혼인의식을 거치지 않은 결혼도 모두 간통죄로 처벌되었다. 그러나 여성과 달리 남성은 배우자의 유무가 간통죄의 판단기준이 아니었고 여자종과 남자주인의 관계는 처벌하지 않은 데서 보이듯이 성차별적, 계급차별적인 경향이 짙었다. 뿐만 아니라 간통한 여성은 恣女案(자녀안)이라는 명부에 이름을 올려 바느질하는 노비로 삼았다. 간통하기 이전에 나은 자식은 6품관까지, 그 이후에 낳은 자식은 아예 관직에 못 나가게 했다. 조선 초 간통죄 처벌의 가장 큰 특징은 법규 이상으로 간통자를 극형에 처했다는 점이다. 이런 강경책으로 고려 말의 문란한 남녀관계가 다소 가라앉자 극형을 자제하는 추세가 나타났다. 그러나 성종대에 어을우동사건이 터지면서 다시 논쟁에 불이 붙었다. 어을우동의 부친은 승문원 지사 박윤창이다. 종실 泰江守(태강수) 李仝(이동)과 혼인하였으나 천한 신분의 남자를 몰래 끌어들여 관계를 맺었다가 발각되어 남편에게 소박을 맞았다. 소박맞은 뒤 그녀는 오히려 수십 명의 조관 및 유생들을 끌어들여 난잡한 관계를 가졌으니 이에 대한 소상한 내용이 《慵齋叢話(용재총화)》, 《성종실록》 등에 전한다. 1480년(성종 11년) 어을우동은 의금부에 잡혀갔다. 풍기문란으로 문초를 받았고 관계를 맺은 남자들을 모두 고하였다. 그러나 어유소, 노공필, 김칭, 김세적, 김휘, 정숙지 등 사대부 고관인 남자들은 모두 혐의를 부인하여 처벌을 면했다. 대신 중인이었던 박강창, 홍찬 등만 하옥되었다. 조정에서는 어을우동을 사형시킬 것인지 유배시킬 것인지 주장이 나뉘었으나 결국 그녀는 三從之道(삼종지도)를 문란하게 했다는 명목으로 사형에 처해졌다.

한편 간통여성은 아버지나 오라비, 또 동네에서 사적으로 처벌되기도 했다. 지금도 남아 있는 戀女木(자녀목), 戀女岩(자녀암), 戀女沼(자녀소), 戀女窟(자녀굴) 등의 지명은 과거 간통녀들을 사형했던 장소였다. 간통은 워낙 사적인 관계이기에 적발하기가 쉽지 않았다. 따라서 반드시 현장에서 잡은 경우만 고소를 허락했고 심증만으로 고발하는 경우는 불문에 부쳐졌다. 그러나 간통장면을 목격한 경우, 남편이 현장에서 아내나 간부를 살해해도 무죄로 처리되었다. 그렇지만 남편의 간통에 대해 아내는 제재할 수도, 질투할 수도 없었다. 그래서 간통한 여성은 남편을 피해 도망가거나 남편을 역적죄 같은 것으로 무고하거나 아예 남편을 죽여 없애는 끔찍한 일이 일어나기도 했다. 남편이 첩을 들이는 것은 합법적이었고 남자는 기생집에 갈 수도 있었다. 그러나 재가가 금지된 여성은 과부가 된 후 다른 남자에게 마음을 빼앗겨도 본능을 억제한 후 참고 살 수밖에 없었다. 기나긴 밤 잠 못 이루며 동전을 굴리거나 허벅지를 바늘로 찌르면서 보내야 했다.

간혹 동성애로 해소하려는 경우도 있었다. 조선조에는 동성애를 對食(대식)이라고 했는데 궁녀들 사이에서 암암리에 행해졌고 세종의 며느리가 이에 빠져들기도 했다. 조선조의 유명한 예로는 세조 때 공신이었던 이순지의 딸이 있었다. 일찍 과부가 된 그녀는 친정에 돌아와 살았는데 일가친척의 종 중에 舍方知(사방지)라는 자가 있었다. 그녀는 외모는 여성이지만 실제로는 남성 성기를 가진 양성인이었다. 절에 들어간 그녀는 비구니와 통간했고 비구니는 평소 알고 지내던 청상과부 이순지 딸에게 사방지를 소개해 주었다. 이순지의 딸은 사방지를 집에 데리고 있으면서 잠자리를 같이했다. 소문이 나자 헌부에서는 사방지를 잡아 국문하게 했고, 이순지는 사방지를 시골집에 보내 버렸다. 그러자 이순지의 딸은 온천욕에 간다며 사방지를 따라 나섰다. 얼마 뒤 이순지가 죽자 딸은 다시 사방지를 집으로 불러들였다. 다시 소문이 나자 1467년 헌부에서는 재차 사방지를 잡아 조사했다. 원래는 단순한 간통사건으로 처리하려 했지만 사방지의 수염이 없고 목소리가 가는 것을 이상히 여겨 여의사에게 몸을 수색하게 했다. 결국 사방지는 양성인간으로 판명났고 이 보고를 들은 왕과 대신들은 그를 인간으로 볼 수 없다며 멀리 외방 마을로 보내어 일반 백성들과의 접촉을 일체 못하게 했다. 이렇게 사방지는 충청도 아산 신창현의 공노비로 보내지게 된다. 이런 사방지와 이 씨의 관계가 이성애인지 동성애인지는 애매하다. 어쨌든 가부장적 유교질서 때문에 여성의 본능이 억압된 데서 발생한 사건으로 볼 수 있다.

한편 전통적으로 우리나라에서 남성들의 동성애에 관한 기록은 별로 눈에 띄지 않는다. 그것은 동성애에 대해 터부시하고 가치를 부여하지 않았기 때문이다. 우주 만물의 생성과 변화를 음양의 조화로 여긴 유교 사회에서 동성애는 음양의 이치를 전도시키는 것이었다. 그러나 서양에서는 다르다. 고대 그리스에서는 남자끼리의 동성애가 가장 높은 평가를 받았다. 그때는 여성을 멸시하여 남성의 대상으로 보지도 않았기 때문이다. 동성애는 이성애보다 훨씬 아름답고 이상적인 것으로 인식되었다. 그래서 육체적인 관계를 갖지 않고 정신적으로 이어진 연인관계를 가리키는 '플라토닉 러브'라는 말이 오늘날도 쓰이고 있다. 바로 동성애를 지고지순한 사랑으로 보았던 플라톤의 견해에서 나온 말이다.

그만큼 동서양 사이에는 감정이나 정서가 크게 다르다. 어쨌든 전 근대시대 간통과 동성애는 성적 억압의 산물이었음을 결론내릴 수 있다.

## 3. 처가살이, 시집살이

우리는 대개 옛날 사람들은 결혼하면 여자가 시집으로 가서 살았을 것으로 생각하기 쉽다. 그러나 과거 우리의 결혼풍속은 신부집에서 결혼식을 올리고 거기서 살다가 아이가 크고 나면 시집으로 가는 것이 순서였다. 그래서 '장가간다'라는 말이 나왔는데 고구려의 데릴사위제가 바로 그런 전통의 시작이었다. 율곡 이이를 낳은 조선 중기 현모양처의 대명사인 신사임당의 남편도 혼인한 뒤 한동안 강릉 처가에서 살았다. 그러다가 冠婚喪祭(관혼상제), 곧 四禮(사례)에 관한 규정을 담은 朱子家禮(주자가례)가 들어오면서 그 규정대로 신부집에 가서 혼례를 치른 다음 바로 신부를 데려오는 것으로 바뀌었다. 말하자면 '장가간다'에서 '시집간다'로 바뀐 것이다. 대신 주자가례의 규정대로 처가에서 전안례만 올리는 것이 아니라 혼례예식을 모두 처가에서 치르는 半親迎制(반친영제)가 정착되었다. 그러나 여성들은 시가와의 관계 속에서 시집살이라는 새로운 고난을 겪게 되었다. 이를 통해 부계 중심의 친족구조가 자리를 잡았고 '출가외인'이라는 관념이 생겨났다. 바로 오늘날도 흔히 듣는 남자는 "겉보리 서 말만 있어도 처가살이는 안 한다"는 말도 생겨났다. 이렇게 여성들의 생활에는 제약이 늘어났고 지위도 점차 열악해져 갔다.

시집살이의 애환은 여성들의 민요에 잘 담겨 있다. 시집살이 민요의 내용을 살펴보면 과거 여성들의 애환과 갈등을 엿볼 수 있다. 시집가서 잘 살려면 벙어리 3년, 장님 3년, 귀머거리 3년으로 지내야 한다는 말이 있다. 부모가 시집간 딸에게 써 준 가사의 내용을 살펴보자.


&lt;1&gt;

형님 온다 형님 온다 / 보고저즌 형님 온다.
형님 마중 누가 갈까 / 형님 동생 내가 가지.
형님 형님 사촌 형님 / 시집살이 어떱데까?


&lt;2&gt;

이애 이애 그 말 마라 / 시집살이 개집살이.
앞밭에는 唐楸(당추) 심고 / 뒷밭에는 고추 심어
고추 당추 맵다 해도 / 시집살이 더 맵더라.


&lt;3&gt;

둥글둥글 수박 食器(식기) / 밥 담기도 어렵더라.
도리도리 도리 小盤(소반) / 수저 놓기 더 어렵더라.
오 리 물을 길어다가 / 십 리 방아 찧어다가
아홉 솥에 불을 때고 / 열 두 방에 자리 걷고
외나무다리 어렵대야 / 시아버니같이 어려우랴?
나뭇잎이 푸르대야 / 시어머니보다 더 푸르랴?


&lt;4&gt;

시아버니 호랑새요 / 시어머니 꾸중새요
동세 하나 할림새요 / 시누 하나 뾰족새요
시아지비 뾰중새요 / 남편 하나 미련새요
자식 하난 우는 새요 / 나 하나만 썩는 샐세.


&lt;5&gt;

귀 먹어서 삼 년이요 / 눈 어두워 삼 년이요
말 못 해서 삼 년이요 / 석 삼 년을 살고 나니
배꽃 같던 요 내 얼굴 / 호박꽃이 다 되었네.
삼단 같던 요 내 머리 / 비사리춤이 다 되었네.
백옥 같던 요 내 손길 / 오리발이 다 되었네.


&lt;6&gt;

열새 무명 반물 치마 / 눈물 씻기 다 젖었네.
두 폭 붙이 행주치마 / 콧물 받기 다 젖었네.

울었던가 말았던가 / 베개 머리 沼(소) 이겼네.
그것도 소이라고 / 거위 한 쌍 오리 한 쌍
쌍쌍이 때 들어오네.

여자가 시집가면 출가외인이라고 해서 친정으로 되돌아갈 수가 없었다. 그래서 시집와서 쫓겨나지 않고 잘 살려면 벙어리 3년, 장님 3년, 귀머거리 3년으로 지내야 했던 것이다. 위 민요에서 시집살이를 고추보다 더 맵더라고 한 것은 시집식구와의 갈등, 힘든 집안일과 시부모 봉양의 어려움, 친정에 대한 그리움에 그 이유가 있을 것이다.

시집식구들과의 갈등 가운데 가장 어려운 것은 바로 시어머니와 시누이였다. 며느리에게 시어머니는 호랑이처럼 무섭고 어려운 존재로, 시어머니 편을 드는 시누이는 얄미운 존재일 수밖에 없었다. 또 장자 우위의 조선시대 가족제도 하에서 맏며느리와 둘째며느리 사이에는 엄연한 차별이 있었기에 작은며느리는 맏며느리 밑에서도 시달렸다. 그래서 시댁식구는 물론이고 동서시집살이가 더 무섭다는 말도 생겨났다. 개화기 전국에 걸쳐서 불리던 <방귀타령>의 가사를 살펴보자.

방구야 진두야 나가신다 / 방구 하고도 나가신다
시아버님 방구는 호령방구 / 시어머님 방구는 꽁상방구
방구 방구 나가신다 / 방구 하고도 나가신다
서방님 방구는 사랑방구 / 시동생 방구는 유세방구
시누년 방구는 이간질방구 / 손자 방구는 구염방구
방구야 방구 방구로다 / 며느리 방구는 도둑방구
방구 방구 방구로다 / 미국놈 방구는 믿지를 말고
일본놈 방구는 요사방구 / 대한민국 방구는 / 삼천만 동포의 만세소리
얼씨구 좋다 저리릴씨구 / 방구 하고도 나가신다

내용은 시댁 식구들의 특징과 미국, 일본, 우리나라를 방귀에 비유하여 表現하고 있다. 특히 며느리 자신을 '도둑방구'라고 한 것은 방귀를

뀔 자유조차 없어서 남이 듣지 못하도록 몰래 뀌기 때문이다. 이렇게 방귀를 노래한 민요에서도 시집살이의 숨 막히는 분위기가 잘 나타나 있다.

이런 시어머니와 며느리의 갈등을 남성들은 속 좁은 여성 간의 갈등으로 보겠지만, 사실은 근본적으로 가부장제의 권위주의에 기인한다. 힘겨운 시집살이를 겪은 것은 시어머니도 마찬가지다. 이렇게 어느 정도 가족 내에서 지위를 확보해 놓았는데, 젊은 며느리가 들어와서 함께 집안일을 하며 아들의 사랑까지 받으면 자신의 지위를 위협할 수 있는 존재로 느껴질 것이다. 또 고된 시집살이를 자신이 겪은 만큼 응당 해야 할 일이라고 생각하는 한편, 자신에게 쌓인 한을 자기보다 약한 존재인 며느리에게 전가시키려는 심리도 있었다. 특히 고부간의 갈등이 남편을 사이에 두고 표출되면, 부부생활까지 심한 간섭을 받았다. 이런 어려움을 겪는 며느리에게 남편은 이해해 주고 변호해 주는 존재가 되어야 하지만 그렇지 못했다. 당사자의 의사와 상관없이 중매혼이나 조혼으로 이루어졌던 비합리적인 혼인제도하에서는 부부간의 사랑도 조화를 이루지 못했다. 또 남자들에게는 축첩이 허용되었으므로 또 다른 여성과의 갈등도 있었다. 남편의 사랑을 놓고 첩과 대립해야 하는 관계에서도 본처는 첩을 인정하고 이를 받아들이는 것이 미덕으로 요구되었다.

시집살이의 어려움 속에서 여성들은 친정을 그리워하며 눈물지었다. 며느리의 친정행을 覲親(근친)이라 했는데 갈 수는 있었지만 살림살이에 바빠서 여간해서 친정행을 할 수가 없었다. 그래서 결혼 3년 안에 친정에 못 가면 일생 동안 못 가는 경우도 있었다. 늦여름이 다 가도록 농사에 바빴던 일가친척들이 추석 무렵이면 서로 약속하여 양편의 중간 지점에서 만난다. 서로 만나기는 했으나 한나절이 전부였으니 반만 본 것 같다고 해서 '반보기'라 했다. 충남지역에서는 추석 무렵에 반보기를 하는데 중간 지점에서 만난다 하여 中路相逢(중로상봉) 또는 중로보기라고도 했다. 물론 대부분 지역에서 추석 전후가 되면 이런 반보기가 아니라 '온보기'로 새색시들이 근친가는 일이 많았다.

이상의 서술로 우리나라 여성들의 고된 시집살이는 조선 중기 이후 성리학적 예교가 강요되면서 생겨난 가부장제와 남존여비사상의 산물임을 알 수 있었다. 시대가 바뀐 현대에는 분가하는 경우가 많아 오히려 시어머니가 '며느리시집살이'를 한다는 말이 생겨나기도 했다. 그러나 시어머니와 며느리의 관계는 아직도 가족갈등의 주된 화제 중의 하나이고, 여전히 며느리에게 시집식구들은 불편한 존재로 여겨지고 있다.

## 4. 여성의 희망과 좌절

조선시대에는 內外法(내외법)으로 여성들의 생활을 간섭했는데 여성들의 놀이행락까지 금지했다. 내외란 안과 밖, 즉 부부, 남녀 간 성역할을 구분하는 것을 말한다. 바로 남녀칠세부동석등의 구분이 내외법인데 ≪예기・내칙≫에 나옴은 상술한 바 있다. ≪예기・내칙≫의 규정을 추려서 조선시대 학자들이 만든 것이 ≪소학≫인데 사회윤리를 가르치려는 목적이었다. 또 국가적으로도 여성들의 행동을 규제하는 여러 금지조항을 만들었다. 조선을 세운 유학자들은 ≪예기≫의 가르침대로 여성의 활동 범위를 집 안으로 국한시켰다. 이렇게 조선 초기부터 사대부 여성들의 외출을 규제하려는 논의가 시작되어, 태조 초부터 논쟁이 시작되었다. 이 논쟁은 태종과 세종 대에도 계속 되었고, 마침내 성종시기에 완성된 조선의 법전인 ≪경국대전≫에 부녀자 외출금지 조항이 만들어졌다.

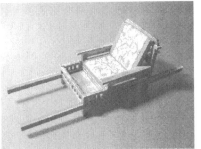

〈그림 48〉 옥교자　　　　　　　　〈그림 49〉 평교자

"부녀로서 절에 올라가는 자, 사족의 부녀로서 산간이나 물가에서 잔
치를 하거나 野祭(야제), 산천, 성황의 祠廟祭(사묘제)를 직접 지낸 자
등을 모두 杖(장) 100대에 처한다."

　이로써 여성의 외출은 공식적으로 금지되었고 외출을 하려면 얼굴을
감추는 장옷이나 너울, 사방이 막힌 가마(옥교자)를 사용해야만 했다.
명절 때 여성들이 하던 그네뛰기나 널뛰기 등의 민속놀이는 바로 집 안
에만 갇혀 살다가 명절 때만이라도 집 밖을 내다보라고 허락된 놀이라
는 것은 잘 알려진 사실이다. 우리가 알고 있는 조선 여인들은 이렇게
자유를 박탈당한 삶을 살았다.

　하지만 여성의 외출을 규제하기 위한 논쟁에서 우리는 뜻밖의 사실을
알 수가 있다. 일반적인 상식과는 달리 조선 초기에는 여성들이 외출할
때 조선시대 고위 관리들만 타고 다닌 것으로 알려진 평교자를 타고 다
녔고 남편이 당상관 이하인 여성들은 주로 말을 타고 다녔다는 사실이다.

　또 고려 때의 풍조가 남아 있어서 구경거리가 있을 때면 거리에 장막
을 치고 나와 구경을 할 정도로 매우 극성스러웠다. 세종 때 신개의 상
소문에서는 채붕, 나례 등 큰 구경거리가 있으면 양반 여성들이 앞다투
어 구경을 나왔다고 한다. '채붕'이란 왕이나 사신의 행차나 불교행사를

구경하기 위해 만든 오색 비단 장막을 늘어뜨린 장식무대를 말한다. 신라 진흥왕 때 팔관회에서 설치되기 시작했다고 한다. 또 '나례'란 음력 섣달그믐날 밤에 악귀를 쫓아내기 위해 지내던 의식이다. 고려 때에 민가와 궁중에서 행해졌다는 기록이 있는데 조선 왕실에서도 많이 행해졌다. 조선시대의 국장행렬 맨 앞에 귀신을 쫓는 방상시가 있는 것도 나례에서 유래한 것이다. 그러고 보면 조선 유학자들의 시각에 불경스럽고 예의에 어긋나는 놀이란 결국은 불교나 민간신앙에서 오랫동안 전해져 온 민속놀이이거나 공동체 놀이였던 것이다.

이렇게 여성의 행동을 규제하고자 했던 유학자들의 노력에도 불구하고 사신이나 왕의 행차를 구경하는 것이나 부녀자들이 사비를 들여 불사를 행하는 것을 모두 규제하지는 못했다. 또 법을 어겼다고 해도 양반 부녀자에게 장을 친다는 것이 현실적으로는 어려웠다. 많은 인파와 행렬은 왕의 권위나 인기를 말해 준다고 여겨졌기 때문인지 왕의 행차 구경하는 것을 엄금하지는 않았다. 또 불사는 왕비나 대비, 공주 등 왕실 여성들도 왕실의 안녕과 무병장수를 기원하기 위해 행한 것이기도 했다. 이처럼 현실과 이상적 원칙은 서로 달랐기 때문에 유학자들과 왕실 간에는 이런 간극이 존재했다. 그러다가 선조대에 오면 완전히 금지되어 여자들이 거리구경을 하다 발각되면 그 가장을 법으로 다스리게 되었다.

이렇게 예교에 맞춰 살아간 양반 여성들이 많았겠지만 조선 후기에 와서도 구경 나온 여성들은 많았다. <영조실록>에도 사신의 행차를 보러 사대부집 부녀들이 길옆에서 구경했다거나, 도성 가까이에서 굿을 하며 온종일 기도하는 淫祀(음사)가 많이 행해졌다는 기록이 있다. 이것은 성리학의 예교가 사회를 지배하던 시절에 강요된 가부장 제도에 굳이 따르지 않던 소수의 여성들의 소리 없는 저항으로 볼 수 있다. 개화기에 와서 여성의 사회적 욕구를 억압한 반인권적인 외출금지법은 적극적인 여권운동이 촉발되는 계기가 되었다. 물론 지금은 사문화된 지 오래이다.

이처럼 여성들은 문 밖에서 쉽게 놀이를 할 수 없었기 때문에 집 안에서 하는 놀이가 유행했다. 특별한 놀이도구가 없던 때라 수숫대, 싸리나무, 나무개비 등을 매끈하게 깎아서 셈놀이를 하는 산가지놀이를 했는데 계산법을 익힐 수 있었다. 또 동전굴리기놀이도 했다. 명절 때는 집 밖에서 하는 여러 공동놀이를 통해 그 동안의 답답함을 해소했다. 설날에는 널뛰기를 하며 옆집 담을 넘보고 다리 힘도 길렀으며 정월 대보름 저녁에는 놋다리밟기를 했다. 신분과 나이에 상관없이 동네여자들이 두 편으로 나뉘어 하는 이 놀이에는 개방적이고 평등한 질서를 바라는 여인들의 소박함이 담겨 있다. 또 오월 단오날에는 창포물에 머리를 감고 그네를 탔다. 치맛자락 휘날리며 그네를 타는 여인들의 모습을 훔쳐보던 남자들로 인해 성춘향과 이몽룡 같은 로맨스가 생기기도 했을 것이다. 팔월 한가위에는 강강술래놀이를 했고 음력 7월, 8월 사이에는 마을 부녀자들이 두 편으로 나뉘어 길쌈내기를 했다. 정월 대보름에는 다리를 밟는 답교놀이를 했는데 자기의 나이만큼 다리를 왕복하면 건강하게 1년을 보낸다고 믿었다. 다리를 밟는 데도 내외법에 따라 남자, 여자가 각각 다른 날에 참가했다. 한편 윤달에는 옛 성을 도는 성돌기를 했는데 풍년을 기원하고 액막이를 했다.

그렇다면 과거에 결혼해서 현모양처가 되는 것을 미덕으로 여긴 것 이외에 우리 나라 여성들 가운데 고유영역에 종사한 여성들로는 어떤 직업이 있었을까? 바로 궁녀, 기녀 그리고 의녀가 그들이다. 요즘 여대생들은 취직이 필수, 결혼은 선택이라지만 이들은 하는 일을 스스로 선택해 취직을 한 것이 아니라 국가에 의해 역할이 주어졌다. 이들은 과거의 전문직 여성이라 할 수 있겠지만 요즘과 달리 기술직을 천시하는 사회적 분위기와 더불어 여성들의 기술직은 더 천시를 받았다. 물론 규방에 갇혀 지내던 양반집 여성들이 아니라 천민 또는 생계가 어려운 양인 출신이 이런 일에 종사했다.

중국에서 궁녀는 패망한 나라의 여자들을 데려와 쓰다가 수양제 시대부터 민간에서 선출했다고 한다. 백제가 패망할 때 의자왕과 삼천 궁녀의 이야기에서 알 수 있듯이 우리나라에서는 삼국시대부터 궁녀가 있었음을 알 수 있다. 고려시대의 궁녀들은 평민이 대부분으로 노비, 첩의 소생 등 하류계급 출신의 여인이 많았다. 조선시대에는 궁녀에 대한 규정이 본격적으로 마련되었다. 궁에서 식사를 담당하는 '소주방', 의복을 만들고 수를 놓는 '침방'과 '수방', 음료 및 과자를 만드는 '생과방', 빨래와 옷의 뒷손질을 하는 '세답방', 내전을 모시는 '지밀' 등으로 나뉘어 각기 자신들의 전문 분야에 종사하였다.

이들은 內命婦(내명부)에 속한 실무직으로 종 9품 奏變宮(주변궁)부터 정 5품 尙宮(상궁)까지의 품계를 받았다. 後宮(후궁)이 되면 정 1품 嬪(빈)부터 종 4품 淑媛(숙원)의 품계가 내려졌다. 또 품계 없이 이들 밑에서 시중을 들거나 궁궐의 하찮은 일을 하는 비자, 무수리, 각심이, 방자, 의녀 등도 있었다. 이들의 대우는 일반 궁녀들에 비해 차이가 많이 났다. 궁녀 중의 대표는 제조상궁으로 한 사람 뿐이었는데 가장 연륜이 있고 지도력이 있으며 학식과 인물도 뛰어난 인물이었다. 제조상궁은 중전이나 대비와 직접 대면을 하는 것이 가능할 정도로 영향력이 막강했다. 재상들도 함부로 하지 못하고 청탁하는 경우가 많았다.

이 밖에도 하는 일에 따라 부제조상궁, 지밀상궁, 보모상궁, 시녀상궁, 승은상궁이 있었다. 지밀상궁은 항상 왕의 측근에서 그림자처럼 따라다니며 보좌했다. 승은상궁은 임금의 승은을 입어 상궁으로 봉해진 경우이다. 승은상궁은 궁녀가 왕의 승은을 입는 바로 그날 상궁이 되는 특별

상궁이다. 나인이 된 뒤 15년 이상을 보내야 상궁이 되었던 다른 궁녀들과는 달리 승은을 입게 되면 궁녀 시절 부여되었던 모든 직무에서 벗어나게 된다. 또 임금의 승은을 입은 몸이기에 다른 상궁들이 함부로 대할 수가 없다. 대개 나인들이 승은을 입으니 상궁이 되면 다른 상궁들보다는 나이가 훨씬 어리다. 신분은 상궁으로 격상되었으나 승은을 입었으니 복식은 후궁의 복장을 입는다. 그러나 한번 승은을 입고는 왕이 다시 찾지 않아 쓸쓸히 보내던 상궁들도 있었다. 물론 왕의 아기를 갖게 되면 내명부 종 4품 淑媛(숙원)의 후궁이 될 수 있었다. 대표적인 예로 숙종 때 희빈 장씨와 숙빈 최씨가 있다. 장희빈은 중인 역관 가문 출신으로 궁녀로 입궐했다가, 숙종의 승은을 입은 뒤 마침내 왕자(경종)를 낳고 정 1품 빈이 되었으며 후에 왕비로 책봉되었다. 숙빈 최씨는 본래 궁중에서 가장 천한 신분으로 잡일을 담당하는 무수리였다가 왕의 승은을 입어 후궁이 되었고 숙원, 숙의, 귀인을 거쳐 빈에 올랐다. 후에 아들을 낳았는데 영조가 되었다.

궁녀는 처음 견습나인 또는 아기나인으로 선출되는데, 정해진 부서의 선배 상궁이 맡아 양육했다. 이렇게 궁궐생활을 익히며 나인이 되기 위한 준비를 했는데 대개 15년 정도 생활한 뒤 관례를 치르면 정식 나인이 될 수 있었다. 또 나인이 된 뒤 15년 뒤, 약 35세 이후에는 상궁으로 승격했다. 궁녀들 중 아기나인은 한 달에 백미 4두를 급료로 받았고 매년 명주, 무명, 베를 한 필씩 지급받았다. 이런 정기적 수입보다는 명절이나 궁궐의 경사 뒤에 포상으로 받는 비정기적인 하사품의 비중이 더 컸다. 1926년 순종 승하 3개월 전의 창덕궁 나인에게 지급됐던 월봉명세서에 따르면 가장 높은 보수를 받았던 이는 지밀상궁이다. 당시 월급이 196원(현재 금액으로 약 200만 원)이었는데 다른 궁녀들은 맡은 일, 연차, 품계에 따라 받는 월급이 달랐다. 지밀 중 가장 적은 액수를 받은 이는 50

원이었지만 대개는 40원부터 95원 사이였다. 이 밖에 비자는 한 사람이 20원을 받은 것을 빼고는 모두 18원을 받은 것으로 되어 있다. 이들은 궁중생활에 필요한 것들을 부족하지 않게 받았으므로 급료 대부분을 친정에 보냈다.

구중궁궐의 꽃다운 궁녀라고 하면 화려하게 들리지만 당사자 입장에서는 창살 없는 감옥과 다름없었다. 이들이 답답한 생활을 견디는 것은 자신의 희생으로 가족이 생계를 유지할 수 있기 때문이었다. 아주 드문 경우지만 왕의 후궁이 되면 친정도 살리고 자신의 인생도 바뀔 수 있다는 희망도 있었다. 이들은 두 명이 짝을 지어 한집에 살았기 때문에 억눌린 욕구로 인해 간혹 동성애관계로 발전하기도 했다. 왕실에서도 답답함과 외로움에 시달리는 궁녀들의 처지와 희생의 부당함을 인지하고 있었다. 그래서 심한 가뭄이나 국가에 우환이 들면 궁궐에 갇힌 젊은 궁녀들의 한으로 보고 이들을 집으로 돌려보내 한을 풀어 주려 했다. 이외에도 모시던 상전이 돌아가시는 경우에 집에 돌려보내지기도 했다. 그러나 궁궐 밖에서 이들의 행동에 자유가 보장되는 것이 아니었고 물론 결혼은 금지되었다. 또 병이 심하면 궁궐에서 나와야 했다. 왕의 직계와 배우자 외에는 궁궐에서 절대 죽을 수 없기 때문에 궁녀가 늙고 병들면 죽기 전에 내쫓기듯 나와야 하는 처지였던 것이다.

또 다른 여성의 전문직으로 기녀가 있었다. 본래 기녀의 뜻은 특별한 기술이나 기예를 가진 기능직 여성을 가리켰다. 이들은 의약이나 침선기술 또는 가무의 기예를 익혀서 나라에서 필요할 때 봉사를 했는데 천인신분이었고 합법적으로 남성들의 접근이 허용되어 잔치에서 흥을 돋우는 역할도 겸하게 되었다. 시대가 흐를수록 기녀는 기능직 여성이라기보다 창기를 떠올리는 개념상의 변화가 생기게 된다.

점차 위안부로서의 역할로 변질된 기생이 처음 어떻게 생겨났는지는 정확한 자료가 없다. 고대 제정일치사회에서 성녀로 추앙받던 무녀가 정치와 종교가 분리되면서 기생으로 전락했다는 것은 주지하는 사실이다. 이후의 자료에 따르면 李瀷(이익)의 ≪星湖僿說(성호사설)≫에서는 '揚水尺(양수척)'에서 비롯되었다고 한다. 양수척은 후삼국 시대로부터 고려 시대에 걸쳐 떠돌아다니면서 천업에 종사하던 무리로서 '무자리'라고도 한다. 대개 女眞(여진)의 포로 혹은 귀화인의 후예로 왕건의 후백제 정벌 때 끝까지 항거하던 후예라고도 한다. 관적과 부역이 없이 떠돌아다니며 사냥과 고리를 만들어 팔고 도살과 柳器(유기) 제조에 종사했다. 요나라 침입에 앞잡이 노릇을 하고 고려 말에 왜구로 가장하여 동남해안을 노략질하기도 했다는데 광대, 백정, 기생이 이들의 후예라고 한다.

고려시대에는 기생교육기관인 敎坊(교방)이 있었다. 교방은 기생들의 처소로 객사나 군인들의 근무지였던 장청 옆에 자리를 잡고 있었다. 교방에서는 글쓰기와 음악을 배우고 무용을 전수받았다. 이들은 각종 연회에 참석했으며 팔관회나 연등회 같은 국가적인 의식에서 활동했다. 바로 고려가요는 이들에 의해 전승된 것이다. 고려가요는 남녀 사이의 사랑을 읊은 내용이 많은데, 너무나 적나라한 표현으로 조선시대에는 男女相悅之詞(남녀상열지사)로 낮춰 불리며 많은 비판을 받았다.

기녀는 관청에 소속된 官妓(관기)와 개인이 거느린 私妓(사기)로 나뉘었다. 또 관기는 지역적으로 서울의 京妓(경기)와 지방의 地方妓(지방기)로 구분되었다. 특히 경기에 대한 교육은 엄격하게 시행되어서 늘 실력을 점검하고 종아리를 맞기도 하는 등의 벌을 받았고 심한 경우는 고향으로 돌려보내기까지 했다. 이런 철저한 교육을 통해 전통음악과 무용에 특기를 가진 이들은 우리 전통예술을 보존하고 전승한 역할을 했다고 할 수 있다.

기생이 되는 것은 대개 어머니가 기생이었기에 대물림을 하거나 가난으로 집안을 살리고자 뛰어든 경우가 있었다. 대개 15세부터 기녀의 명부에 올라 30세 정도가 되면 물러나 노동을 했고 50세가 되면 정년을 맞았다. 10대의 어린 기생은 童妓(동기)로 불렸고 늙으면 老妓(노기), 퇴기 또는 퇴물이라 불렀다. 흔히 쓸모없는 사람을 퇴물이라 부른 것은 기생의 칭호에서 유래한 것이다. 기생에게는 남편도 있었다. 곱상한 외모의 남자를 '기생오라비'같이 생겼다고 하는 말은 여기서 유래된 것이다. 지방에서 올라온 기생들의 서울생활 문제를 해결하기 위해서 조선 중기 이후부터 남편을 둘 수 있게 했는데 천민 신분이 대부분이었다.

조선조 성리학의 금욕적인 분위기 때문에 한때 기녀 폐지 주장이 나오기도 했으나 논의에 그쳤을 뿐이다. 오늘날도 그렇지만 역시 매춘은 필요악의 존재로 인식되어 시대가 지날수록 오히려 기녀의 수는 더욱 증가했다. 특히 연산군 때는 採紅使(채홍사)를 두어 기녀를 뽑았는데 궁중의 기생이 백여 명에서 만여 명으로 증가했다. 이때는 기녀를 運平(운평)이라는 이름으로 바꾸어 불렀는데 대궐 안에 들어오는 기생은 興淸(흥청)이라고 했다. 흥청이란 용어는 말 그 자체로 보면 '맑음을 일으킨다'는 뜻이다. 기생들과 어울려 놀면서 가슴속에 쌓인 나쁜 기운을 씻어내는 좋은 제도라고 의미부여를 한 것이다. 이런 고상한 명분 위에서 연산군은 흥청망청 놀았고, 그 결과 정치는 엉망이 되었다. 지금은 돈이나 물건 따위를 함부로 마구 써 버리는 모양을 '흥청망청'이라고 하고 그렇게 행동하는 것을 '흥청거린다'라고 하는데 이 말이 바로 여기서 유래된 것이다.

또 다른 여성의 전문직으로 의녀가 있었다. 여의라고 불린 의녀는 남성의원에게 진맥받기를 기피하던 여성들을 위해 두게 되었다. 조선 태종 때(1406년) 제생원을 두면서 시작되었는데 궁중 여성들이 남성 의원의 치료를 거부하다가 병이 심해지는 일이 생겼기 때문이다. 여성들의 인명을 소중히 여기는 의도와 함께 男女授受不親(남녀수수불친)이라는 말처럼 궁중 여성들과 남성과의 접촉을 막으려는 의도에서 비롯되었다고 할 수 있다. 처음에는 평민이나 천인 중에서 선발한 여성들에게 진맥이나 침술 등 기초 의학을 가르쳐 의료활동을 하게 했다. 이후 지방에서 의술을 배우러 올라오는 의녀의 수가 늘어나서 ≪경국대전≫에는 3년마다 70명을 뽑아서 올려 보냈고, 민중들을 위한 병원인 혜민서에도 의녀를 두었다.

의녀는 의술에 관한 책을 읽기 전에 한문을 배웠고, 덕을 갖추기 위한 기초교양으로 四書(사서)도 배웠다. 여성의 출산에 조산원의 역할도 했으니 의녀의 교육과정에는 출산과 관련된 産書(산서)도 포함되어 있었다. 성적이 우수한 의녀에게는 석 달분의 급료를 지급하고 성적이 나쁜 의녀는 관청에서 차를 끓여 공급하는 식모인 茶母(다모)로 떨어뜨렸다가 성적이 좋아지면 다시 의녀로 복귀시키기도 했다.

남녀칠세부동석이라는 예교에 젖어 있던 사대부 여인을 진찰할 때는 의녀가 방 안에 들어갔다. 의녀가 환자를 대면하고 진맥을 해서 방 밖에 있는 남자의원에게 말해 주면, 남자의원은 의녀의 말을 듣고 처방을 내렸다. 물론 종기나 치통 등 여성환자의 환부를 만져서 치료하는 질병은 의녀가 직접 치료했고 침도 놓았다. 의녀 가운데 조선 성종 때 제주도 의녀 張德(장덕)이 잘 알려져 있다. 그녀는 치아, 코, 입의 통증을 잘 치료했는데 조정에까지 불려가 내의원 의녀가 되었다. 장덕이 죽자 조정은 다시 의녀를 뽑아 보내도록 제주에 통보하였다. 이에 제주목사 許熙(허희)는 장덕의 사노비였던 貴今(귀금)을 조정으로 보냈다. 귀금도 장덕처럼 의술이 뛰어났는데 귀금마저 죽자 장덕과 귀금의 비방이 끊겨 전해지지 않게 되었다.

그러나 의녀는 천한 신분의 여성이었기에 의료행위와 전혀 상관없는 일도 맡게 되었다. 기녀처럼 궁중연회에 동원되기도 했는데 연산군 때는 의술 때문이 아니라 기녀로 의녀를 많이 동원했다. 연산군이 물러나고 중종이 들어서면서 의녀들의 본업인 의료활동을 권장하게 되었으나 기녀로서의 역할도 계속되었으니 과거 '약방기생'이라고 불리던 것은 바로 이런 역할에 기인한다. 이런 인식 때문에 개화기 당시 서양의학의 교육을 받은 간호사들마저 의녀를 연상한 사람들에게 낮은 대우를 받았다.

결론적으로 궁녀, 기녀, 의녀는 전문직이었지만 그에 걸맞은 대우를 받지 못했다. 이들은 직업상 남성들을 직접 대면하는 일을 했기 때문에 본래 업무에서 벗어나 성적 노리개로 취급받기도 했던 것이다. 그러나 이들은 여성의 활동이 제약받던 시기에 전문직 여성으로서의 일을 해냈다. 궁녀는 왕을 보필하는 임무와 함께 최상층 문화인 궁중의 음식, 복식을 개발하고 발전시킨 역할을 했고, 기녀는 전통 춤과 노래의 보존자로서 역할을 했으며 의녀는 여의사 또는 간호사로서 역할을 한 것이다. 따라서 이들의 역할을 결코 과소평가할 수 없다.

오늘날 여성들이 담당하는 생업노동과 가사노동의 역할에는 많은 변화가 일어났다. 전근대사회의 여성들과 현대의 여성들을 단순 비교해 보면 가사노동은 질적, 양적 측면에서 부담이 상당히 줄어들었다. 그러나 여전히 가사노동은 여성들의 몫으로 남아 있다. 현대 여성들도 전근대 여성들이 가사노동과 함께 생업노동에 종사했듯이 직장일과 집안일을 동시에 하면서 힘겨워하기는 마찬가지다. 그래서 대학을 졸업하고 직장을 다니다 결혼과 출산을 겪으면 전업주부로 전향하는 경우가 적지 않다. 대다수 남편들은 돈 못 버는 아내가 하는 집안일을 그리 가치 있는 일이라고 생각하지 않는다. 또 전업주부들은 단지 돈을 못 벌어 온다는 이유만으로 자신이 생산적이고 가치 있는 일을 한다는 사실을 스스로 부정하기도 한다.

그렇다면 전업주부의 노동가치는 실제 얼마나 될까? 2010년 5월, 미국 전업주부들의 노동가치를 연봉으로 환산한 기사가 있다. 미국 컨설팅기업인 샐러리닷컴(salary.com)이 공개한 자료에 따르면 미국 전업주부들의 2010년 연봉 가치는 11만 7,856달러(약 1억 3,385만 원)에 이르는 것으로 조사되었다. 직접적인 비교는 어렵지만 한국의 경우 지난 2007년을 기준으로 전업주부의 연봉이 2,500만 원이라는 조사결과가 발표된 적이 있다.

최근에는 가사와 육아를 전담하는 전업주부가 이혼할 때 받을 수 있는 재산의 비율이 전 재산의 절반 수준으로 높아졌다. 이러한 판결에는 이혼 후 경제력이 취약한 여성에 대한 부양의 측면도 일부 반영됐지만, 근본적으로 통상 10년 이상 전업주부로서 결혼생활을 했다면 재산형성 기여도를 남편과 거의 동등하게 봐야 한다고 판단하기 때문이다.

비교의 근거는 여성들의 활발한 사회진출로 가사도우미의 수요가 증가하면서 가사노동의 경제적 가치도 그만큼 커지게 된 것을 들 수 있다. 가사와 육아를 담당하는 가사도우미의 월 평균 보수가 현재 180~200만 원인 점을 감안하면 휴일도 없이 일하는 일반 전업주부의 가사노동은 최소 월 200~250만 원으로 평가할 수 있다는 것이다. 이처럼 가사노동은 가족의 재생산에 필수적인 일로 사회와 국가발전에 기본이 되는 노동이다. 요즈음 가사노동의 가치를 인정하고 국내총생산에 반영시키려는 각국의 노력은 매우 바람직하며 우리나라도 예외가 아니다.

## 5. 한 맺힌 여성의 삶

동서고금을 막론하고 전쟁을 겪으면 남성들은 목숨을 위협받지만 육체적으로 약한 여성들은 성을 위협받는다. 제2차 세계대전 때 우리 여인들이 '종군위안부'라는 이름으로 전쟁터로 끌려가 성의 희생을 강요당한 것도 마찬가지다. 전쟁을 겪은 여성들이 수난을 당한 역사는 오래전 기록에서부터 전한다. ≪三國志·魏志·東夷傳(삼국지·위지·동이전)≫에서 동옥저는 "나라가 작고 큰 나라의 틈바구니에서 핍박받다가 고구려에 복속하게 되었다"고 한다. 고구려는 동옥저의 미인을 보내게 하여 종이나 첩으로 삼았으니 이들을 노비처럼 대우하였다. 고려시대의 貢女(공녀)나 조선시대의 還鄕女(환향녀)도 전쟁이 낳은 희생물이었다.

신라 진평왕 53년(631년)에는 미녀 두 사람을 당나라에 보냈는데 황제가 돌려보냈다는 기록이 전한다. 이후 문무왕 8년(668년)에도 원기와 정토를 당에 보냈는데 정토는 그곳에 남아 돌아오지 않고 원기만 돌아왔다. 이후 당에서는 여자 바치는 것을 금하는 황제의 조칙이 만들어졌다. 그러나 신라의 당에 대한 헌녀는 계속되어 성덕왕 22년(723년)에도 미녀 포정과 정원 두 사람을 당현종에게 바쳤다. 신라에서는 그들에게 옷과 살림살이, 노비, 수레, 말을 주어 예를 갖춰 보냈다. 그러나 당현종은 이들은 모두 신라왕의 고종 누이들로 일가를 버리고 고국을 떠나 왔으니 차마 머물게 할 수 없다며 후하게 베풀어 돌려보냈다. 그러나 헌녀외교가 효과가 좋았는지 신라에서는 이 제도를 없애지 못했다. 원성왕 8년에도 신라 제일의 미녀로 몸에서 향내가 났다는 미인 김정란을 바쳤다는 기록이 있다. 한편 당의 공격을 막아 낸 고구려의 보장왕 역시 헌녀외교를 했다. 당에 미녀 두 사람을 바쳤지만 황제는 가족을 떠나와 애태우는 것이 딱해 받지 않는다고 돌려보냈다.

이후 본격적으로 여자를 선발해 보낸 것은 몽고와의 전쟁을 치른 후부터이다. 몽고는 고려에 쳐들어올 때마다 많은 고려인을 포로로 잡아갔고 원나라로 바뀐 뒤에는 한꺼번에 많은 숫자의 여인을 요구했다. 고려에서는 結婚都監(결혼도감)을 설치하고 온 마을의 처녀를 뒤지니 울부짖는 소리가 고을 전체에 가득했다. 원나라의 공녀 요구는 공민왕 초까지 약 80여 년간 한 번에 10~50여 명씩 50여 회에 이른다. 원나라 과거에 합격한 李穀(이곡)은 공녀폐지를 요구하며 상소를 올렸다. 이에 따르면 고려 사람들이 딸을 낳으면 공녀로 뽑혀 갈까 봐 이웃 사람들도 못 보게 감추었다고 한다. 관리들이 집집마다 뒤진 것은 물론, 여자를 감춘 것이 발각되면 여기에 가담한 이웃과 친족까지 잡아들여 매질을 했다고 한다.

한번 공녀로 선발되어 가면 평민은 물론 왕족도 다시 돌아오기란 거의 불가능했다. 공녀선발이 시작되면 전국에 금혼령이 내려졌는데 위반자는 지위고하를 막론하고 엄벌에 처했다. 이에 따라 금혼령에 저촉되기 전인 13세 미만에 혼인을 시키거나 일찍 데릴사위를 맞이하기도 했는데 이는 후에도 조혼의 풍습으로 이어지게 된다. 공녀로 뽑힌 여인은 대부분 일반 백성의 딸이었지만 왕족과 귀족의 딸도 있었다. 왕족, 귀족의 딸은 원나라 황제의 후궁이나 고위관료의 첩이 되어 그런대로 지낼만했지만 일반 백성의 경우에는 평생 고달픈 생활을 했다. 대부분 고국의 가족과 헤어져 한 많은 일생을 보냈고, 금지옥엽 키운 딸을 이역만리 타국에 보낸 부모들도 평생 딸에 대한 걱정으로 여생을 보내야 했다. 고려시대 대표적인 문벌 귀족가문으로 원나라 왕족에게 딸을 시집보낸 모친의 묘지명에 이런 사실이 잘 드러나 있다. 그녀는 바로 수녕옹주 김씨였다. 그 내용을 보면,

"사랑하던 딸이 멀리 가게 되니 근심하고 번민하여 병이 들었다. 그 후에 때때로 더했다 덜했다 하다가 1335년(원통 3년)에 이르러 병이 심해지니 약이 효험이 없었다. ……9월 을유일에 세상을 떠나니 향년 55세라. 옛날에도 우리나라 자녀들이 뽑혀서 원나라로 들어가는 일이 없는 해가 없었으니, 왕실의 귀한 집이라도 숨기지 못하네. 모녀가 한 번 이별하면 아득하여 만날 기약 없어 슬픔이 뼈에 사무치고 병이 나서 세상을 떠나는 자가 한두 명에 그치지 않았네. 천하에 지극히 원통할 일이 이보다 더한 것이 있으랴."

딸은 원나라 왕족에게 시집가 영화롭게 살았겠지만 밤낮으로 딸을 생각하다가 마음고생 끝에 병이 나 일찍 죽었다는 내용이다. 그러니 원나라 왕실의 궁녀로 갔거나 심부름꾼, 군인의 처 등으로 시집갔을 일반 백성의 부모 심정은 두말할 나위 없을 것이다.

그런데 고려 공녀 출신으로 가장 출세한 인물은 奇(기)황후이다. 기황후는 고려시대에 궁녀로 태어나 원나라에 바쳐졌다가 제국의 황후 자리에 오른 입지전적인 여인이다. 그녀가 공녀로 결정되었을 때, 많은 사람들은 그녀의 불행을 동정했다. 하지만 그녀는 좌절하지 않고 원나라 황궁에서 기회를 잡으려 노력했다. 원 황실에는 고려 출신 환관으로 禿滿迭兒(독만질아)와 朴不花(박불화)가 있었는데 그들의 눈에 띄어 1333년에는 순제의 다과를 시봉하는 궁녀가 되었다. 그녀는 맛있는 음식이 생기면 먼저 칭기즈칸을 모신 太廟(태묘)에 바친 뒤에 먹었을 정도로 공을 들였다. 이런 그녀의 철저한 현지화 전략이 먹혀들었는지 금세 순제의 마음을 사로잡았고, 순제의 총애를 받던 정실부인 타나시리 일족을 축출해 냈다. 타나시리는 사약을 받았고 그녀는 두 번째 황후가 될 기회를 잡게 된다.

1339년에는 황자 愛猷識里答臘(애유식리답랍)을 낳았고 이듬해에는 마침내 원제국의 두 번째 황후로 책봉되었다. 황후가 된 뒤에는 반대세

력까지 몰아내고 막대한 권력을 행사했다. 자기 능력으로 황후가 된 기씨는 1353년 14세의 애유식리답랍을 황태자로 책봉하는 데 성공했다. 그러나 공녀 출신이었던 기황후는 힘없는 백성들의 고초를 누구보다 잘 알고 있었다. 1358년 북경에 큰 기근이 들자 기황후는 관청에 명해 죽을 쑤어 주게 했다. 또 황후의 부속 관청인 자정원에서는 금은, 포백, 곡식 등을 내어 십여만 명에 달하는 아사자의 장례를 치러 주었다고 《元史 · 后妃列傳(원사 · 후비열전)》에는 기록하고 있다.

기황후는 기울어 가는 원제국을 되살리려면 무능한 황제를 젊고 유능한 인물로 교체해야 한다고 판단했다. 그래서 황태자를 황제의 자리에 즉위시키려고 했는데 순제는 크게 반발했다. 황실의 근본적인 체질 개선을 하지 못한 원나라는 순제라는 무능한 황제의 통치하에 급속히 기울었다. 1366년 주원장이 쳐들어오자 원나라는 대도 연경을 빼앗기고 북쪽 몽고초원으로 쫓겨 갔다.

이처럼 고려의 공녀들 중에는 황후가 되어 영화를 누리거나 원나라에서의 지위를 바탕으로 고려 내정에 간섭하여 영향을 끼친 사람도 있었다. 그래서 고려여성을 얻어야 출세할 수 있다는 인식이 원나라 지배층에 퍼지면서 기황후에 의탁한 이들은 앞다투어 고려여성을 첩으로 삼기도 했다. 이에 따라 원 말기에는 황실에 고려여자들이 가득하여 의복, 신발, 모자 등 고려의 복식과 만두, 떡 등 고려음식이 高麗樣(고려양)이라는 이름으로 유행하였다.

고려를 멸망시키고 건국된 조선왕조는 원나라가 망하고 중국 대륙을 차지한 명나라에 事大(사대)를 표방하면서 조공외교를 전개했다. 이에 따라 명나라는 모두 12차례에 걸쳐 조선에 처녀를 요구하였다. 이 가운데 명나라 황제의 사망 등으로 5차례는 중지되고 7차례에 걸쳐 처녀가 보내졌다. 태종 8년(1408)에 처음 공녀를 바치기 시작한 뒤 1408년에서

1417년까지 3차례에 걸쳐 40명의 공녀가 명으로 갔다. 그리고 세종(1427~1433) 때 4차례에 걸쳐 74명의 공녀가 바쳐졌다. 조선 전기와 후기를 모두 합치면 146명의 공녀가 중국에 바쳐졌다. 貢女(공녀)를 보내라는 요청이 오면 조선에서는 進獻色(진헌색)이라는 기관을 임시로 설치하고 나이 어린 양가집 처녀들을 선발했다. 이렇게 보내진 처녀들은 대개 명 왕실의 후궁이나 궁녀가 되었다. ≪明史(명사)≫에는 명태조의 韓妃(한비)가 바로 조선의 공녀 출신으로 含山公主(함산공주)를 낳았다고 한다. 또 ≪南京太常志(남경태상지)≫에는 명 황제인 성조 영락제가 조선 공녀인 석비의 소생으로 되어 있다. 그래서인지 영락제는 특히 조선 공녀 출신 후궁을 많이 맞이하였다.

조선시대에는 고려와 달리 처녀를 엄선하면 처녀를 모실 여종을 함께 보냈다. 이렇게 뽑힌 처녀는 모두 16명이었지만 집찬녀 42명과 가무녀 8명 등 여종까지 48명이 딸려 갔으니 모두 114명의 공녀가 받쳐진 셈이된다. 이렇게 조선 전기에 헌납된 공녀의 수는 다음과 같다.

1차 태종 08년(1408) 11월: 21명 - 처녀 5명, 여종 16명
2차 태종 10년(1410) 10월: 05명 - 처녀 1명, 여종 4명
3차 태종 17년(1417) 08월: 14명 - 처녀 2명, 여종 12명
4차 세종 09년(1427) 07월: 33명 - 처녀 7명, 여종 16명, 집찬녀 10명
5차 세종 10년(1428) 10월: 01명 - 처녀 1명
6차 세종 11년(1429) 07월: 20명 - 집찬녀 12명, 가무녀 8명
7차 세종 15년(1433) 11월: 20명 - 집찬녀 20명

한편 조선 후기 청에 바쳐진 공녀는 고려시대나 조선 전기에 비해선 비교적 적다. 원래 만주지역에 흩어져 살고 있던 여진족은 누루하치(청 태조)의 지도로 강대한 세력으로 성장하여 1616년 後金(후금)을 세웠다. 1627년 조선을 침략하였던 후금은 국호를 淸(청)으로 고친 인조 14년

〈그림 50〉 조선시대 홍제천의 모습

(1636)에 다시 쳐들어와 병자호란을 일으켰다. 그러나 조선 남성들은 외적을 방어하지 못하고 전쟁에서 패배했고 많은 조선의 여인들이 청나라 포로로 잡혀갔다. 이후 조선에서는 강화조약을 맺은 뒤 돈을 지불하고서야 포로로 잡혀간 사람들을 송환해 왔다. 사람들은 이들을 '환향녀(고향으로 돌아온 여자)'라 불렀다. 이들이 몸을 더럽힌 수치심에 자결하거나 집에 돌아가기를 포기할까 염려하여 조선에서는 귀국하는 길에 도성 밖 홍제동 개울에 몸을 씻게 하고 정절 여부를 묻지 못하게 했다. 지금도 들을 수 있는 '화냥년'이라는 욕이 바로 여기서 유래된 것이다.

또 조선에서는 청나라의 요구에 따라 처녀를 비롯한 공물을 바쳐야 했다. 조선 후기에 헌납된 공녀의 수는 32명으로 다음과 같다.

1차 인조 16년(1638) 7월: 10명 — 처녀 10명

2차 효종 원년(1650) 4월: 22명 ─ 처녀 17명, 유모 1명, 시녀 1명, 여종 3명

시녀로 선발된 이들의 가족에게는 특혜를 주었다. 노비나 기생 등 천민 집안은 부모를 면천시켜 주었고 양반의 서녀나 양녀, 의녀 등은 그 어머니를 면천시켜 주고 아버지는 관직과 봉급을 올려 주었다. 그러나 대부분의 부모는 딸을 먼 타국으로 보내지 않으려 숨기거나 딸의 얼굴에 상처를 내는 경우까지 있었고 선발된 처녀는 일부러 삭발하기도 했다.

공녀는 1274년(고려 원종 15)부터 1650년(조선 효종 1)까지 약 400년 간 지속되었고 많은 여성들은 국가를 위해 성을 희생할 것을 강요당했다. 이로써 우리나라에는 조혼의 폐습이 생기고 파행적으로 정치가 운영되는 등 많은 부작용이 있었다. 여성은 그 후에도 전쟁 및 여러 이유로 희생물이 되어 왔다. 일제시대의 군대위안부, 미군 주둔 후의 양공주라는 기지촌여성, 70년대의 기생관광에서 우리는 변함없이 성적 희생물이 된 여성을 보게 된다.

이렇게 한 맺힌 삶을 살아야 했던 우리의 여성들은 울분이 쌓이면 어떻게 해소했을까? 시어머니가 "며느리 춤추는 꼴 보기 싫어 굿 못 하겠다"는 말이 나올 정도로 굿은 여성들의 한을 해소하는 기능을 했다. 굿에는 무당이 입는 쾌자를 입고 집안식구 및 굿판에 참석한 이웃들이 장단에 맞추어 추는 무감이라는 순서가 있다. 흥겹게 춤을 추어 신을 기쁘게 할 뿐 아니라 어울려 춤을 추면서 한과 서러움, 고통을 다 풀어 버리고 서로의 갈등을 해소하는 과정이다. 여성의 바깥출입을 통제하여 놀이문화마저 말살시켜 버린 사회구조 안에서 여성들은 굿판에서 춤추며 놀 수 있는 공간을 확보함으로써 일상생활의 중압감에서 벗어날 수 있었다. 이런 여성들의 한은 무당이 추는 춤이라는 기제를 통하여 무속으

로 풀어 나가는 것으로 볼 수 있다.

유교적 가부장제 사회의 마이너리티인 여성의 불만을 배출하는 긍정적 요소로서 무속은 큰 의미를 지닌다. 이것은 민중의 벽사의례로서 굿의 순기능이라 할 것이다. 오늘날의 무속 역시 불교, 기독교 등 주류 종교가 아닌 비주류 종교이다. 즉 무감이란 마이너리티를 통한 마이너리티의 극복이라고 할 수 있을 것이다. 사회적 약자인 민중은 굿판을 찾아서 사회적으로 천대를 받는 무당 등과 어우러져 불만을 해소하려 노력했던 것이다.

이처럼 무속신앙은 주로 여성의 것으로, 무당은 여성의 전유물처럼 여겨졌다. 원래 구석기시대의 사람들은 여성의 성적 특징을 강조한 여성상을 만들어 수렵에 대한 기원을 빌었다. 이것이 제1장에서 설명했던 빌렌도르프의 비너스이다. 이후 가부장적 사회로 넘어오면서 제천의식의 사제, 곧 무당은 여성에서 남성으로 바뀌게 된다. 조선시대에 와서는 유교의 성리학이 국시가 됨에 따라 공동체적인 무속신앙은 점차 사라지고 개인적인 신앙만 남게 되었다. 유교적 가례는 바로 남성 부계사회의 윤리인 것이다. 그러나 가례에서 등한시하는 출생과 질병, 죽음에 대한 관심은 점차 여성들로 하여금 무속신앙의 중심에 서게 했다. 이렇게 여성들이 무속신앙에 관심이 많았다는 사실이 남성보다 여성이 더 미신적이라는 것을 보여 주는 것은 아니다. 이들은 사회에서 소외된 약자였기 때문에 개인적으로 불만을 풀거나 복수할 수 없는 존재들이었다. 무속은 불행한 사람들 편에서 한을 풀어 주는 역할을 하였으므로 여성들은 억울함과 원통함을 풀고 불안을 해소할 수 있는 도구로 무속신앙을 받아들이고 실천했던 것이다.

한편 불교 또한 여성들에게 정신적 안위를 제공했다. 불교는 삼국시대에 수용된 후 왕실의 후원하에 널리 신봉되었다. 국가적 행사에는 유교적 의례인 제천행사와 함께 불교의례도 행해졌으며, 고려시대에는 천재지변이 생기면 불교행사를 거행하기도 했다. 이렇게 국가의 지원하에서 무속신앙이 하던 역할을 불교도 수행하게 된다. 그러나 고려 말 성리학이 도입된 이후 절에 가는 데 규제가 생기기 시작했다. 이런 규제는 조선 초에도 이어져 태종은 여성들의 절 출입을 모두 금지했다. 궁중에서 행해지던 불교행사를 폐지하고 전국에 242개의 절만 남겨 두고 모두 없앴다. 세종대에는 서울 각지에 금족령을 게시하고 승려들의 과부 집 출입도 금지했다. ≪경국대전≫에는 여자가 절에 가면 곤장 100대에 처한다고 규정하기도 했다. 성종대에는 도첩제를 폐지하여 출가를 금지했다. 이렇게 불교계 전체에 대한 탄압이 계속되자 절과 승려들은 깊은 산속으로 들어가게 되었다.

그러나 유학은 종교적 측면이 부족하였으니 불교는 국가적 탄압 속에서도 명맥을 유지했다. 그것은 국가의 절 출입금지령을 어기고 계속 사찰을 찾은 여성들의 노력에 의해서였다. 여기에는 왕실여성들의 신앙심도 크게 작용했다. 어쩌면 그것은 조선 초 여성들에게 가해지던 각종 규제에 대한 여성들의 소극적인 저항이었을 수도 있다. 여성들이 절에서 기원하는 것은 아들 낳기나 가족의 질병 치료, 현세에서 가족의 행복과 사후 극락이나 천당에 대한 기원이었다. 그래서 절에서는 여성들의 요구에 부응하여 수명연장과 아들 낳기를 비는 민간신앙을 받아들여 삼성각, 칠성각 등을 짓기 시작했다. 이렇게 하여 무속과 마찬가지로 점차 불교도 여성들의 전유물로 여겨지게 되었다.

임진왜란(1592~1598)으로 많은 절들이 불에 타 버렸으나 18세기 영정조대에 경제적 번영이 이루어지면서 절들이 다시 지어졌다. 이 시기에 만들어진 많은 탱화와 사찰의 대형 걸개그림인 괘불에 여성 시주자 명단이 많은 것을 보아도 이를 알 수 있다.

조선시대 이전에는 출가하여 비구니가 되는 여성이 있었다. 그러나 성리학이 본격적으로 수용되면서 여성의 출가가 비판되기 시작했다. 특히 결혼하지 않은 여성의 경우가 그랬는데 남편이 죽은 뒤 출가하는 경우, 절개를 지키기 위한 방편이라면 인정하기도 했다. 이런 경우 가족의 안녕과 수명연장, 죽은 남편의 극락왕생을 기원하기 위해 비구니가 되었을 것이다. 여성의 출가는 명목상으로 수절을 위해서라지만 이들이 재가신자들의 신앙활동을 지도하고 불교를 포교하기도 했으므로 실제로는 신앙의 실천과 보다 자유로운 삶이라는 종교적 이유였던 것이다.

석가모니는 여성은 세속에 대한 집착이 강하므로 깨달음을 얻기 어렵다고 했다. 이에 따라 불교의 윤리관은 다분히 가부장적 측면이 있어서 여성은 가정 내의 존재로 규정되었다. 그러나 보다 정확히 이런 견해는 석가모니 당시가 아니라 후세에 점차 강화되었다고 보아야 한다. 아무튼 이런 가부장적 사고방식으로 여성들은 자신의 수행보다는 가족의 안녕과 극락왕생을 기원하는 데 힘을 기울이게 되었다. 이렇게 여성의 종교생활에 제한을 가하고 있는 근대 이전의 가부장적 이데올로기는 여성에게 종교의 자유마저도 억압했던 것이다.

중국 미녀의 사랑과 성

# 제4장 중국 미녀의 사랑과 성

## 1. 李妍(이연)

중국에서는 절세미인을 가리켜 '傾國之色(경국지색)'이라고 한다. '傾'은 '기울게 하다'라는 뜻이니 '傾國'은 '나라를 기울게 하다'라는 의미다. 그리고 '色'은 미색의 의미이므로 '경국지색'이란 '나라를 망하게 할 만큼 뛰어난 미모'를 가리킨다. 이 말의 유래에는 다음과 같은 이야기가 전한다.

漢武帝(한무제)를 모시던 李延年(이연년)이라는 사람이 있었다. 그는 음악적 재능이 있어 노래는 물론이고 편곡이나 작곡에도 뛰어난 가수였는데, 춤에도 탁월하여 무제의 총애를 듬뿍 받은 동성애인이었다. 어느 날 무제가 여동생인 평양공주의 집에서 열린 잔치에 갔는데 이연년은 한무제 앞에서 춤을 추며 다음과 같은 노래를 불렀다.

> "북방에 아름다운 여인이 있네. 둘도 없이 우뚝 섰네.
> 눈길 한 번에 성이 기울고 눈길 두 번에 나라가 기우네.
> 성을 기울이고 나라를 기울게 함을 어찌 몰랐을까?
> 아름다운 여인은 다시 얻기 어려운 것을."

눈길 한 번에 성을 기울게 하고 눈길 두 번에 나라를 기울게 하되, 그러면서도 남자가 성이 기울고 나라가 기우는 것을 깨닫지 못하게 하는 것이 경국지색이다. 한무제는 이 노래를 듣고 과연 이러한 여인이 있는지 물었다. 무제의 옆에 있던 누이 평양공주는 이연년의 누이동생 이연이 바로 그런 미인이라고 했다. 한무제는 즉시 그녀를 불러들였는데, 이연년의 노래대로 천하절색으로 춤도 잘 추었다. 그녀는 한무제의 각별한 총애를 받았다. 이 여인이 바로 李姸(이연), 즉 이부인이다. 이 경국지색의 고사에서 알 수 있는 것은 한무제가 오빠, 누이동생과 양성애를 했다는 사실이다. 이부인은 얼마 후 아들을 하나 낳았다. 그러나 몸이 약한 이부인은 산후욕으로 병석에 누웠다. 한무제가 문병을 가니 "화장하지 않은 얼굴을 남편에게 보일 수 없다"면서 이불을 쓰고 얼굴을 보여주지 않다가 숨을 거두었다.

세월이 지났지만 한무제는 이부인을 잊지 못했다. 어느 날 지방 군현 순시에 나섰다가 그는 汾河(분하)와 黃河(황하)가 만나는 부근(山西省(산서성) 하동군 남부)에서 선상 연회를 열었다. 연회석상에서 한무제는 흥에 취에서 <秋風辭(추풍사)>라는 노래를 불렀다. 제목을 풀어 보자면 '가을바람에 부치는 노래'가 되겠는데 훗날 중국 문학의 절창이 되었다. 이 시에 나오는 '佳人(가인)'은 바로 병으로 먼저 작고한 이부인을 기리는 말이다.

> 가을바람이 일어남이여, 흰 구름이 날도다.
> 초록이 누렇게 떨어지고 기러기 남으로 돌아간다.
> 난초는 빼어나고 국화는 향기로워라.
> 佳人(가인)을 그리어 잊지 못하노라.
> 누선을 띄워 汾河(분하)를 건너는데
> 中流(중류)에 비껴 흰 물결 날리노라.
> 피리소리 북소리는 울고 노 저어 노래하니,
> 즐거움 다한 곳에 슬픈 정이 너무 많아라.
> 젊음이 다한 곳에 슬픈 정이 너무 많아라.
> 젊음이 얼마이겠는가. 아! 내 늙었구나.

먼저 떠나보낸 부인에 대한 한무
제의 사랑이 절절이 묻어나는 절창
이다. 그러면 이연 말고 나라를 망하
게 할 만큼 아름다웠던 옛 중국의 미
인들은 또 누가 있었을까?

## 2. 妹喜(말희)

桀王(걸왕)은 중국 夏(하)나라의
악명 높은 폭군 중 한 명이다. 걸왕
때 궁중에는 여악과 여자 배우가 3만
이나 되었다. 이들과 잔치를 벌이면

〈그림 51〉 1983년 작 镜心(경심)의
〈秋风辞意(추풍사의)〉

풍악소리가 어찌나 요란했던지 새벽부터 궁궐문 앞이 시끄러웠음은 물
론 큰 삼거리 밖에서도 소리가 들릴 정도였다고 한다. 하나라 걸왕과 말
희의 인연은 걸왕이 有施氏(유시씨)의 소국을 정벌하면서 시작되었다.
힘이 약했던 유시씨의 나라에서는 많은 진상품과 함께 '말희'라는 미녀
를 바쳤다.

걸왕은 말희를 매우 총애하여 그녀를 위해 옥으로 장식한 집(瓊室: 경
실)과 상아로 장식한 회랑인 象廊(상랑), 보석과 상아로 장식한 瑤台(요
대)라는 궁궐을 짓고 옥침대(玉床: 옥상)를 만들어 밤마다 향락에 빠져
들었다. 고기로 산을 만들고 육포로 숲을 조성했으며 배가 다닐 수 있는
술 연못을 만들고 땅을 파서 夜宮(야궁)을 만들어 남녀를 섞어 놓았다.
잔치와 놀이가 매일 계속되자 하나라는 점점 기울어 갔다. 이를 보다 못
한 신하 關龍逢(관용봉)이 충심으로 간했지만 걸왕은 그의 목을 베었고,
伊尹(이윤)이 목숨을 걸고 간하였으나 들은 척도 하지 않았다. 이후 목

〈그림 52〉 妹喜(말희)

숨의 위협을 느낀 이윤은 殷(은)나라로 도망쳐서 湯王(탕왕)을 받들어 섬겼다. 탕왕은 걸왕의 향락으로 하나라가 기울어 간다는 이윤의 말을 듣고는 이윤을 앞세워 夏(하)나라로 쳐들어왔다. 과거 걸왕은 탕왕을 구금했다가 석방해 준 일이 있었다. 그래서 탕왕이 쳐들어

오자 걸왕은 그를 죽이지 않고 풀어 준 것을 크게 후회했다고 한다.

걸왕은 鳴條(명조)의 싸움에서 탕왕에게 크게 패하고 말희와 함께 보석을 챙겨서 배를 타고 南巢(남소)로 도망갔다. 그러나 추격해 온 탕의 병사들에 사로잡혀 추방되었다. 시중드는 사람이 아무도 없었는데 사치가 몸에 배어 있던 걸왕과 말희는 굶어도 스스로 일할 줄 몰랐다. 결국 두 사람은 臥牛山(와우산)에서 굶어 죽게 된다. 이렇게 470여 년을 이어오던 하왕조는 멸망했다.

## 3. 妲己(달기)

殷(은)나라 紂王(주왕)은 준수한 외모에 기골이 장대하여 맨손으로 맹수를 때려잡을 정도로 힘이 장사였다. 황음무도하고 포악한 그는 특히 달기를 총애하였다. ≪情史(정서)≫ 권5와 ≪竹書紀年(죽서기년)≫의 기록에 따르면 달기는 주왕을 꾀어 궁중 안의 바닥에 자갈을 평평하게 깐 연못을 팠는데 연못 안에는 술을 가득 부었다. 이를 '酒池(주지: 술연못)'라고 했는데 연못 사방에는 비단을 감은 나뭇가지에 고기를 매달아 두고 '肉林(육림)'이라 했다. 이른바 '酒池肉林(주지육림)'의 고사가 여기에서 나온 것이다. 주왕은 달기와 벌거벗고 '주지'에서 배를 타고 다

니면서 술을 퍼마시고 '육림'에서 손 가는 대로 고기를 따 먹으며 놀았다. 주지육림을 만들기 위해 그는 백성들을 혹독하게 착취했다. 세금을 무겁게 부과하여 '鹿臺(녹대)'라는 궁궐을 짓고 鉅橋(거교)라는 창고에 곡식을 채우고 개, 말과 기이한 물건들로 궁실을 가득 채웠다. 또한 7년에 걸쳐 瓊宮(경궁)과 玉門(옥문)을 만들었는데 그 크기가 3리에 달하고, 높이는 이천 척이나 되었다. 沙丘(사구)의 苑臺(원대: 제왕의 화원)를 넓히고 궁중의 저잣거리 아홉 군데에서 밤늦도록 술을 마셨다. 주왕은 달기의 환심을 사기 위해서라면 무고한 사람을 멋대로 죽이는 것은 물론 산 사람을 실험 대상으로 삼아 짐승에게 먹이기도 했다.

보다 못한 주왕의 이복형 微子啓(미자계)가 그에게 충고를 했지만 그는 듣지 않았다. 도리어 미자계는 목숨의 위협을 느끼고 도성을 떠나 숨고 말았다. 주왕의 삼촌 比干(비간)이 그에게 충고를 했지만 그는 자신의 잘못을 인정하지 않았다. 오히려 "성인의 심장에는 일곱 개의 구멍이 있다던데 당신 심장에는 몇 개의 구멍이 있는지 한번 보자"며 부하에게 명하여 비간을 죽이고 그의 심장을 꺼내 보았다. 주왕은 반대하는 자들을 처형하라는 달기의 말에 현혹되어 '炮烙之刑(포락지형)'이라는 끔찍한 형벌을 만들었다. 주왕은 구리로 기둥을 여러 개 만들어 나란히 늘어놓고 그 위에 기름을 칠하고 기둥 아래에는 벌겋게 달아오른 숯불을 피워 놓았다. 이것이 이른바 '炮烙(포락)'이라는 형구인데, 기름을 바른 구리기둥이 달아오르면 그에게 불만을 품은 신하와 백성들의 옷을 발가벗겨서 건너가게 했다. 포락지형을 당한 사람은 구리기둥에 미끄러져 발버둥 치며 뼈와 살이 타는 고통을 겪다가 숨이 끊어지게 된다.

이렇게 잔악무도한 통치로 주왕은 민심을 완전히 잃게 되었는데 이런 사정을 안 周(주)나라 무왕이 군사를 일으켜 은나라를 침략했다. 이때 주왕은 달기와 녹대에서 한창 술을 마시던 참이었다. 그는 황급히 군사

70만을 편성하여 전장으로 달려갔으나 주왕의 군대는 오합지졸이었다. 병사들이 무기를 버리고 뿔뿔이 흩어지자 주왕은 급히 朝歌城(조가성)으로 도망갔다. 운명이 다한 것을 안 그는 죽기로 결심했지만 죽은 뒤 자기의 시신이 발견되어 훼손당할까 봐 궁중의 모든 패옥을 몸에 걸친 채 20미터 높이의 녹대로 올라갔다. 녹대 아래에 마른풀을 쌓아 불을 지르게 해서 자신의 몸을 던진 것이다.

주무왕은 조가성으로 진격했고 폐허가 된 녹대로 달려갔다. 그러나 주왕은 보이지 않고 검게 탄 시체만 찾아냈다. 무왕은 그것이 주왕의 주검임을 알고, 화살을 쏘고 칼로 몇 번이나 찌른 다음 도끼로 시체의 머리를 베어서 장대에 매달았다. 주왕은 스스로 육신을 불살랐지만 죽은 뒤에도 그 주검이 능욕을 당했다. 이렇게 은나라는 멸망을 고하게 되었다.

〈그림 53〉 妲己(달기)

## 4. 王昭君(왕소군)

왕소군은 한나라의 양갓집 딸로 원제의 궁녀로 들어갔다. 그녀는 재주와 용모를 갖추었으나 황제의 눈에 띄지 않아 총애를 받지 못했다. ≪西京雜記(서경잡기)≫에 의하면, 당시 황제는 궁녀의 초상화를 보고 골랐는데 궁녀들은 화공 毛延壽(모연수)에게 뇌물을 바치고 초상화를 잘 그려 달라고 청탁했다. 그러나 왕소군은 화공에게 뇌물을 주지 않았기 때문에 얼굴이 추하게 그려져서 황제의 눈에 띄지 않은 것이다. 당시 匈奴(흉노)의 침략에 고민하던 한나라는 흉노를 다독거리기 위해 여자를 선발해 보내고 있었다. B.C 33년, 궁녀 왕소군이 선발되어 흉노의 왕 呼韓邪(호한야)에게 시집가게 되었다. 황제는 왕소군이 떠나기 전에서야 그녀의 실제 모습을 보고는 깜짝 놀랐다. 절세의 미모에 단아한 태도를 가진 경국지색의 미인이 후궁으로 있었는데 그걸 몰랐던 것이다. 황제는 크게 후회하였으나 이미 흉노에게 선발해 보내기로 한 결정을 번복할 수 없었다. 왕소군의 초상화가 엉터리라는 것을 안 원제는 크게 노하여 초상화를 그린 화공을 참형에 처했다.

왕소군이 한나라를 떠나 흉노의 땅으로 가는 길에 그녀는 멀리서 날아가는 기러기를 보았다. 이때 문득 고향생각이 났던지 그녀는 말 위에서

〈그림 54〉 王昭君(왕소군)

비파로 이별곡을 연주했다. 이때 남쪽으로 날아가던 기러기가 이 곡조를 듣고 땅으로 툭 떨어졌다고 한다. 왕소군의 미모를 보느라 기러기가 날갯짓하는 것을 잊었다는 전설이다. 어쨌든 왕소군은 이 전설에서 落雁(낙안), 즉 '떨어진 기러기'라는 별칭을 얻게 되었다.

왕소군은 흉노로 가서 關氏(연씨) 부인이 되었고, 아들 하나를 낳았다. 호한야가 죽은 뒤에는 호한야 본처의 아들인 復株累(복주루)에게 재가하여 두 딸을 낳았다. 이러한 왕소군의 전설은 세월이 흘러감에 따라 윤색되어서 흉노와의 화친정책 때문에 희생된 비극적 여주인공으로 전해지게 되었다.


## 5. 趙飛燕(조비연)

동서고금을 통해서 가장 날씬한 여인이 있다. 바로 '나는 제비'라는 뜻으로 본명 趙宜主(조의주) 대신 趙飛燕(조비연)으로 불린 여인이다. 그녀는 중국 사대미인 중의 하나로 꼽혀 왔는데 여기서는 그녀와 함께한 成帝(성제)의 후궁이었던 반첩여의 이야기도 함께 해 보기로 하자.

여색을 밝혔던 성제 劉鰲(유오)는 나이 마흔이 넘도록 자식이 없었다. 사방으로 유람을 다니던 어느 날 良阿公主(양아공주)의 집에 머물게 되었다. 공주는 歌女(가녀)

〈그림 55〉 趙飛燕(조비연)

몇 명을 불러 노래하고 춤을 추게 했다. 그중 유달리 고운 목소리와 빼어난 춤솜씨를 가진 여인이 눈에 띄었다. 성제는 환궁한 후 공주에게 그 여인을 보내 달라고 했다. 이렇게 온 여인이 바로 조비연이다. 그렇다면 그녀에게 '飛燕(비연)', 즉 '나는 제비'라는 별명은 어떻게 붙게 되었을까?

성제가 太液池(태액지)에 큰 배를 띄우고 즐길 때의 일이다. 성제는 조비연으로 하여금 춤을 추게 하고 시랑인 馮无方(풍무방)에게 笙(생)을 불어 반주를 하게 했다. 배가 태액지의 한가운데에 이르렀을 때 별안간 광풍이 불어 그녀가 휘청거렸다. 황제는 급히 그녀의 한쪽 발목을 붙잡았는데 춤의 삼매경에 빠진 그녀는 춤추기를 멈추지 않더니 성제의 손바닥 위에서 너울거리고 있었다. 여기서 사람들은 그녀를 '비연', 즉 '나는 제비'라고 부르게 되었다.

원래 성제에게는 황후 허씨가 있었고 班婕妤(반첩여)라는 후궁도 있었다. 반첩여는 미모와 덕성을 갖춘 것은 물론 詩賦(시부)에도 뛰어났다. 성제는 이런 반첩여를 매우 총애했으나 조비연이 온 뒤에는 그녀에게로 마음이 옮겨 갔다. 조비연에게는 여동생이 있었는데 바로 趙合德(조합덕)이다. 조씨 자매는 차례로 성제를 모셨는데 성제는 다른 후궁들은 쳐다보지도 않았다. 조씨 자매는 황제의 마음을 사로잡는 데 그치지 않았다. 황후에게는 두 아들이 있었는데 이들이 갑자기 죽임을 당한 것이다. 사람들은 조씨 자매가 황제의 총애를 독차지하기 위해 흉계를 꾸몄다고 생각했다. 당시 장안에 떠돈 노래에는 '燕飛來 啄皇孫(연비래 탁황손)'라는 가사가 있었다. '제비가 날아오더니 황손을 쪼았더라'는 것인데 그것은 바로 조씨 자매가 흉계를 꾸며 황손을 해한 것을 비꼬는 말이었다. 그러나 성제는 이런 사실을 제대로 알지 못했다.

오히려 이즈음 엉뚱한 소문 하나를 듣게 된다. 후실인 반첩여가 황후 허씨와 짜고 임금의 총애를 받고 있는 후궁들을 저주하고 임금을 중상

모략했다는 것이다. 이런 소문을 믿은 성제는 격분해서 황후의 인수를 회수하고 長信宮(장신궁)에 유폐시켜 버렸다. 그러나 이 또한 임금의 총애를 독차지하기 위해 조씨 자매가 반첩여를 무고한 것이었다. 성제는 반첩여를 불러 "네가 후궁들을 저주하고 황제를 중상했느냐"고 직접 심문했다. 황제의 추궁에 대해 그녀는 다음과 같이 대답했다.

> "만일 귀신에게 지혜가 있다면 폐하를 저주하는 일을 반드시 받아들일 수 없을 것입니다. 만일 귀신에게 지혜가 없다면 주술을 시행해도 일에 아무 상관이 없을 것입니다."

귀신 따위가 어찌 황제를 해칠 수 있겠느냐는 이런 현명한 대답으로 반첩여는 큰 화를 모면할 수 있었다. 오히려 성제는 반첩여에 대한 의심을 풀고 황금 100근을 하사했다. 이렇게 반첩여의 혐의는 풀렸지만 그녀는 더 이상 옛날 황제의 총애를 한 몸에 받던 처지가 아니었다. 총명한 반첩여는 허황후의 말벗이 되겠다고 자청했고 성제의 곁을 떠나 황후에게로 갔다. 거기서 시를 지으면서 세월을 보냈으니 이때 지은 시가 怨歌行(원가행)이다. 이 시는 자신을 총애하던 성제의 사랑이 점차 조비연에게로 옮겨 가면서 쓸쓸해진 자신의 처지를 철 지난 가을부채에 비유하는 내용이다.

> 새로 자른 제나라 흰 비단이
> 희고 깨끗하기가 서리나 눈 같네
> 재단해서 합환선을 만드니
> 고르게 둥근 것이 보름달과 같네
> 님의 품과 소매를 나들며
> 흔들리며 미풍을 일으켰지만
> 늘 두려운 것은 가을이 와서
> 산들바람이 더위를 앗아갈까 함이네.
> 대나무 상자 속에 아무렇게나 버려진 신세

애틋한 정은 도중에 끊어지고 말았네

한편 황후와 반첩여를 몰아낸 조비연은 황후의 지위에 올라 趙皇后 (조황후)로 불리게 되었다. 이렇게 황제의 총애를 독차지한 비연은 세상에 이루지 못하는 바가 없었다. 그러나 성제가 조비연의 치마폭에 싸여 보낸 세월은 겨우 10년, 성제는 어느 날 조합덕의 침상에서 급사했다. 성제의 죽음에 조합덕이 관여한 것은 아니지만 조합덕은 불안했다. 자신이 믿었던 황제가 갑자기 죽었으니 과거 그녀가 황후와 여러 후궁들에게 저지른 악행으로 보복을 받을까 두려웠던지 그녀는 독주를 마시고 자결했다.

성제가 죽고 王莽(왕망)이 정권을 잡았다. 조합덕이 자결한 뒤 언니 조비연의 신분은 계속 하락하여 庶人(서인)이 되었고 걸식을 하며 지냈다. 그러던 그녀 역시 자살로 생을 마감하고 말았다. 이와 달리 황태후의 말벗이 되어 쓸쓸한 말년을 보내던 반첩여는 성제가 죽은 뒤 그의 무덤을 돌보는 정절을 보였다고 한다. 얼마 지나지 않아 그녀도 40여 세의 나이로 처연한 일생을 마감하게 된다.

성제와 비연, 합덕 두 자매의 성애생활을 묘사한 소설로 한대에 伶玄(영현)이라는 자가 지은 ≪飛燕外傳(비연외전)≫이 있다. 이 소설이 나온 뒤 중국에는 궁중생활의 성애를 폭로하는 소설이 계속 등장하게 되었다.

## 6. 褒姒(포사)

다음으로 봉화를 올려 제후들을 농락한 포사에 대해서 살펴보기로 하자.

포사는 B.C 8세기경 周(주)나라 제2대 幽王(유왕)의 황후로, 절세의 미녀로 알려져 있다. 그녀의 탄생에 관해서는 다음과 같은 설화가 전해진다. 하나라 말년, 용 두 마리가 왕궁에 나타나 "포나라의 두 임금이다" 라고 하면서 침을 뱉어 놓고 사라졌다. 사람들은 그것을 나무상자에 넣고 고이 보관하고 열어 보지 않았다. 주나라 厲王(여왕) 대에 이르러 상자를 열고 안을 들여다보았다. 이때 실수로 용의 침이 흘러나왔다. 용의 침은 검은 도마뱀으로 변하여 조정 안을 돌아다녔다. 그러다가 검은 도마뱀은 한 소녀와 마주쳤다. 그 뒤 소녀에게는 태기가 있었는데 40년이 지나서야 여자아이를 하나 낳았다. 소녀는 이 아기를 갖다 버렸는데 襃(포)나라 사람이 아기를 주워 와 집에서 키웠다. 그녀가 바로 포사였다.

포사는 분명 역사 속 인물이지만 설화 속의 포사는 요녀로 나타날 뿐이다. 위의 설화는 나라를 기울게 한 미모를 지녔던 팜므파탈(요녀) 포사에 대해 후세인들이 악의적으로 지어낸 이야기라 할 수 있다. 그렇다면 포사는 어떻게 주유왕의 마음을 사로잡았을까?

주유왕은 달기에 빠진 폭군 주무왕처럼 난폭하지는 않았지만 역사 속 우매한 군주가 간신배로 둘러싸여 있듯이 그 또한 마찬가지였다. 그가 여색에 빠져 조정일을 돌보지 않자 포성사람 襃珦(포향)은 유왕에게 직언을 하다가 옥에 갇혔다. 그에게는 洪德(홍덕)이라는 아들이 있었는데 홍덕은 포사라는 미인을 이용해 아버지를 구하려는 계책을 세웠다. 그는 포사에게 비단옷을 입히고 살을 찌운 뒤 유왕에게 진상하며 아버지를 풀어 달라 간청을 했다. 주나라 유왕은 포사의 미모를 보더니 한눈에 반해서 포향을 풀어 주고 관직까지 복원해 주었다. 이후 포사는 끔찍이도 유왕의 총애를 받았다. 포사는 유왕의 아들까지 낳았는데 그가 伯服(백복)이다.

그런데 천하절색 포사는 한 번도 웃은 적이 없었다. 답답해진 유왕은 어떻게 하면 포사의 웃는 얼굴을 볼까 싶어 악공에게 음악을 연주하게 하고, 노래하고 춤추게 하며 날마다 연회를 베풀었다. 유왕은 포사를 기쁘게 해서 웃게 하려고 했다. 그래도 소용이 없자 문무백관에게 명령하여 누구를 막론하고 포사를 웃게 하는 자에게 천금을 내리겠노라고 했다. 이때 간사한 虢公 石父(괵공 석부)가 나타나 포사를 웃게 하려면 봉화놀이가 좋다고 했다. 전쟁이 났다는 신호로 엉터리 봉화를 올리자는 것이다. 그의 말대로 봉화를 올리자 제후들이 驪山(여산) 앞으로 황망히 달려왔다. 그런데 와 보니 전쟁이 난 것이 아니라 풍악소리만 울려 퍼지고 있었다. 이를 본 제후들은 허탈해하며 돌아갔다. 포사는 이런 황당한 광경을 보고 큰 소리로 떠나가라 웃음을 터뜨렸다. 포사의 웃음을 보고 감격해 마지않은 유왕은 괵공 석부에게 천금을 하사하니 여기서 '千金 買笑(천금매소: 천금을 주고 웃음을 산다)'라는 말이 생기게 되었다.

주유왕에게는 원래 申后(신후)라는 왕후가 있었다. 그녀의 아버지 申 伯(신백)은 자기 딸이 왕후로 책봉되었을 때 申侯(신후)로 봉해졌다. 유왕은 왕후와의 사이에 태자 宜臼(의구)를 두었다. 그러나 유왕은 포사를 위해 왕후를 폐하고 포사를 왕후로 앉혔다. 그리고 태자마저 폐하고 포사가 낳은 아들 백복을 새로운 왕태자로 책봉했다. 폐비는 아들 의구를 데리고 외가 申國(신국)으로 쫓겨났다. 딸과 외손자가 폐위되어 돌아오자 신백은 앙심을 품었다. 당시에는 오랑캐 西戎(서융)이 강성했는데 신백은 서융의 군대를 청했다. 呂(려) 등의 나라와 연합하여 주나라를 치기로 한 것이다.

서융이 15,000여 명의 군사를 거느리고 주나라 鎬京(호경)을 향해 쳐들어왔다. 주유왕은 다급히 봉화를 올리게 했으나, 제후들은 이 봉화가 또 포사를 웃기기 위한 장난인 줄 알고 아무도 오지 않았다. 마치 늑대가 왔다고 계속 장난삼아 거짓말을 하다 낭패를 당한 양치기소년처럼 유왕이 아무리 봉화를 올리고 기다려도 원병이 오지 않았다. 서융의 군대가 몰려오자 유왕은 작은 수레에 포사를 태우고 뒷문으로 도주했지만

이들에게 붙잡혀 아들과 함께 죽임을 당했다.

그런데 서융의 왕은 포사를 보고 한눈에 반했다. 그는 포사를 죽이지 않고 수레에 태워 처소로 데려와 같이 지냈다. 그는 주나라를 점령했음에도 회군하지 않고 포사와 행락을 일삼았다. 그러자 입장이 난처해진 신백은 晉侯(진후), 衛侯(위후), 秦侯(진후) 등 다른 제후들에게 밀서를 보내 군사를 이끌고

〈그림 56〉褒姒(포사)

주나라로 진격하도록 했다. 포사와 소일하며 시간을 끌던 서융의 왕은 이를 보고 놀라 포사를 남겨 두고 도주했다. 결국 포사는 신백에게 잡히기 전에 목을 매 자결했다. 훗날 당나라 시인 胡曾(호증)은 이 일을 다음과 같은 시로 읊었다.

총애만 믿고 교태가 많아 자유를 얻었고
여산에 봉화를 올리게 해 제후들을 농락했네
웃음 한 번에 나라 기울게 될지는 알았지만
화려한 처소에 오랑캐 모래먼지 가득할 줄은 몰랐으리

## 7. 西施(서시)

중국 역사 속 여러 미녀 가운데 서시는 가장 손꼽히는 미녀로 통한다. 서시가 얼마나 아름다웠는지에 대해 다음과 같은 이야기가 전한다. 서시에게는 속병이 있어서 가슴에 손을 얹고 눈살을 찌푸리곤 했다. 마을의 추녀가 이를 보고 서시처럼 예뻐지려고 자기도 가슴에 손을 대고 찡

그리며 마을을 돌아다녔다. 그러자 마을의 부자는 이것을 보고 대문을 닫고 나오지 않았고 가난한 사람은 이것을 보고 처자를 데리고 마을에서 도망쳤다는 것이다. 비슷한 일이 실제 있었는지 모르지만 다소 과장된 이야기로 보인다. 이와 달리 서시와 관련하여 후세사람들이 만들어낸 듯한 이야기도 있다. 서시가 천하절색이라는 소문을 듣고 구경하려고 온 사람들이 인산인해를 이루었다. 그녀를 본 궁전의 경비병은 아름다움에 혼절했고, 범려가 그녀를 보는 데 1전씩 돈을 내도록 했는데 모인 돈이 산처럼 쌓여 그 돈으로 무기를 만들고 병사들을 훈련시키는 데 사용했다고 한다. 또 하루는 서시가 강가에 갔는데 그녀의 아름다운 모습이 맑고 투명한 강물에 비치었다. 이를 본 물고기가 수영하는 것을 잊고 천천히 강바닥으로 가라앉았다. 그래서 서시는 浸魚(침어)라는 별칭을 얻게 되었다.

서시가 어떤 여인인지 알아보려면 먼저 臥薪嘗膽(와신상담)이라는 고사성어의 유래부터 알아볼 필요가 있다. 춘추시대에는 越(월)나라와 吳(오)나라가 있었다. 삼국지에도 나오는 이 두 나라 중 오나라에는 闔閭(합려)가 왕으로 있었다. 기원전 496년 句踐(구천)이 월왕이 되자 오왕 합려는 군사를 이끌고 월나라로 쳐들어왔다. 그러나 합려는 대패하고 오히려 발가락에 독화살을 맞고 죽게 된다. 오나라에는 합려의 아들 夫差(부차)가 왕위를 계승했다. 부차는 삼년상을 치르면서 아버지의 복수를 하겠노라 다짐했다. 부차는 가시가 많은 장작 위에 자리를 펴고 자며, 아버지의 원한을 되새겼다. 수년 뒤 부차는 월나라를 침략했다. 철저히

〈그림 57〉 西施(서시)

준비한 오나라 부차의 군대에 월나라 군대는 적수가 되지 못했다. 월나라의 운명이 풍전등화에 처하자 구천은 미인과 뇌물을 오나라 군대의 대장 伯嚭(백비)에게 보내 화평을 청했다. 오왕 부차는 결국 백비의 말을 들어 미인과 뇌물을 받기로 하고 화평을 맺었다. 월왕 구천은 포로가 되어 오나라로 끌려갔고 월나라는 간신히 명맥만 유지하게 되었다. 구천은 포로로 잡혀 있는 동안 온갖 모욕을 받으며 지냈다. 그러던 어느 날 오나라 부차가 병으로 자리에 드러눕자 포로로 와 있던 그가 자진해 나섰다. 부차의 대변 맛을 보고 건강을 진단하겠다는 것이다. 구천은 손으로 변을 찍어 무릎을 꿇은 채 혀로 핥았다.

"곧 병세가 쾌차할 것입니다. 변은 향기가 나면 위험하고 악취가 나면 좋은 것입니다."

부차는 구천의 정성에 감동했고 월나라로 돌려보내도록 했다. 그러나 구천의 속마음을 꿰뚫어 본 伍子胥(오자서)는 반대했다. 구천이 월나라로 돌아가면 반드시 화가 미칠 것이라 했으나 부차는 결국 구천을 돌려보냈다. 이렇게 구천은 포로생활을 마치고 3년 만에 돌아오게 되었다.

월나라로 돌아온 구천은 이를 악물었다. 송곳으로 무릎을 찌르며 잠도 자지 않고 쓴 쓸개를 기둥에 매달아 놓고 핥으며 언젠가 이 수모를 갚겠노라며 복수의 칼을 갈았다. 여기서 나온 말이 臥薪嘗膽(와신상담), 즉 "땔나무 위에 누워 자고 쓸개를 맛보며 굴욕을 되새긴다"는 성어이다. 또한 구천은 일반 백성들처럼 절제 있는 생활을 했다. 오나라가 궁실을 축조하면 인부와 재목을 보내기도 했다. 이렇게 부차의 환심을 사는 한편 부차를 무너뜨릴 계책을 세웠다. 구천의 책사 范蠡(범려)는 부차를 무너뜨리기 위해 자진해서 미인을 찾아 나섰다. 범려는 6개월의 노력 끝에 西施(서시)와 鄭旦(정단)을 선발했다. 그는 두 여인에게 거문고, 바둑, 서예, 그림그리기와 가무, 방중술 등을 3년간 가르쳤다. 이렇게 길러진 서시와 정단은 오왕 부차에게 진상되었다. 부차는 특히 절세의 미녀 서시를 보고 반해 흠뻑 빠져들었다. 두 여인이 함께 궁에 들어왔는데 서시만 오왕의 총애를 독차지하자 정단은 울화병이 생겨 죽었다는 이야기가 전할 정도이다.

부차는 서시를 위해 姑蘇臺(고소대)라는 누각을 짓고 금은으로 장식한 館娥宮(관아궁)을 지었다. 그리고 響屧廊(향섭랑)이라는 복도를 만들기도 했다. 이 복도 아래에는 널빤지를 깔아서 서시가 지나가면 소리가 울려 퍼지게 했다. 부차는 정사를 돌보다가도 향섭랑에서 서시 오는 소리가 나면 그녀를 품에 안았다. 또 관아궁 주변에는 翫花池(완화지)와 翫月池(완월지)라는 연못을 만들고 吳王井(오왕정)이라는 우물을 팠으며 서시의 이름을 따 西施洞(서시동)이라는 동굴까지 만들었다. 또 香山(향산)이라고 하여 향나무를 가득 심은 假山(가산)을 인공으로 만들었다. 靑龍舟(청룡주)라는 배를 호수에 띄워 날마다 서시와 타고 즐기며 정사를 소홀히 했다. 서시에게 빠져 정사를 소홀히 한 부차의 행락은 결국 오나라의 멸망을 불러오게 되었다.

월왕 구천은 잘 정비된 군대를 이끌고 오나라를 침략했다. 부차는 참패했고 구천은 서시를 데리고 월나라로 돌아왔다. 그런데 구천의 부인은 남편이 서시를 데려온다는 소식을 듣자 불안해졌다. 서시가 부차의 넋을 빼 놓고 나라를 망하게 한 일을 잘 알기에 남편까지 홀릴까 봐 서시를 돌에 매달아 강물에 던져 죽여 버렸다고 한다.

## 8. 楊貴妃(양귀비)

양귀비는 원래 壽王(수왕) 李瑁(이모)의 비로 현종의 며느리였다. 17세 나이에 수왕에게 간택되어 입궁한 뒤, 정원에서 화려하게 핀 꽃을 감상하다가 덧없이 지나가는 청춘이 아쉬워 꽃에 말했다.

"꽃아 너는 해마다 피어나지만 나는 언제 빛을 보겠느냐?"

〈그림 58〉 楊貴妃(양귀비)

이렇게 탄식하며 꽃을 어루만지는데 含羞花(함수화)를 건드렸다. 함수화는 잎을 스르르 말아 올렸다. 이때 궁녀가 그 광경을 보고 "양귀비가 꽃과 아름다움을 견주었는데 꽃이 부끄러워 고개를 숙이더라"는 소문을 냈다. 그래서 양귀비에게는 羞花(수화)라는 별명이 붙게 되었다. 당시 당나라에서 三白(하얀 이마, 하얀 코, 하얀 턱)과 三紅(붉은 입술, 붉은 뺨, 붉은 손톱)이 미인의 기준이었던 데 미루어 보면 양귀비가 그런 요소를 갖추고 있었을 것으로 짐작할 수 있다. 양귀비는 서시보다 1200년쯤 뒤의 인물인데 정사에는 그녀가 절세의 풍만한 미인이며 가무에 뛰어나고 총명함을 겸비하였다고 전하고 있다.

어느 환관이 이런 수왕비의 아름다움을 현종에게 진언했다. 현종은 운천궁에 온 기회에 양귀비를 보게 되었는데 첫눈에 반했다. 그런데 장차 아들의 부인, 즉 자신의 며느리가 될 여인인데 자기가 어떻게 할 것인가? 현종은 세인의 이목을 피하기 위해 그녀를 女冠(여관: 여자도사)으로 지내게 했다. 그 뒤 다시 그녀를 궁중으로 불러들여 27세에 정식으로 귀비로 책립하였다.

귀비가 된 이후에도 그녀와 꽃에 얽힌 일화가 전하는데 다음과 같다. 현종이 양귀비와 궁녀들을 이끌고 太液池(태액지)라는 연못을 산책하다가 물었다.

"연꽃의 아름다움이 여기 있는 비보다 아름답겠는가?"

궁녀들은 이구동성으로 양귀비가 더 아름답다고 했다. 옛날 중국에서는 미인을 가리켜 解語花(해어화: 말을 할 줄 아는 꽃)라고 했는데 이 말은 바로 양귀비의 아름다움에서 비롯되었던 것이다. 물론 세월이 지나 이 말의 뜻이 변하여 후대에는 기생을 해어화라 부르게 되었다.

이렇게 양귀비는 황제의 마음을 사로잡아 황후와 다름없는 대우를 받았다. 현종이 얼마나 양귀비를 아꼈는지에 대해서도 여러 일화가 전한다. 그녀는 특히 남방 특산의 荔枝(여지)라는 과일을 좋아했다. 여지는 신선함이 며칠 못 가기 때문에 현종은 신선한 여지를 그녀에게 맛보이기 위해 산지에서 長安(장안)까지 여러 곳에 역을 설치하고 며칠 밤 며칠 낮 말을 달려 실어 오게 했다.

이런 현종의 총애를 배경으로 그녀의 사촌오빠 楊釗(양소)는 재상의 자리에 올랐고 일족들도 전부 고관이 되었다. 그녀는 李白(이백) 같은 궁정시인들한테 둘러싸여 호사스런 생활을 했다. 당대의 고관이었던 安祿山(안록산)이나 高力士(고력사)도 그녀의 환심을 사려고 경쟁을 했다. 현종은 중국 山西省(산서성)의 온천에 華淸宮(화청궁)을 짓고 양귀비와 겨울을 함께 보내는 등 국정을 돌보지 않았다. 이 와중에 양귀비의 오빠 楊國忠(양국충)이 국정을 좌지우지했고 李林甫(이임보)가 권력을 잡았다. 현종이 국사는 뒷전이고 날마다 환락에 빠져 지내니 국세는 점점 기울어만 갔다. 그러다 范陽(범양: 현재의 북경)에서 安史(안사)의 난이 일어났다. 반란이 일어났다는 소식을 접한 현종은 놀라서 소수의 호위병과 양국충, 보내의 등을 데리고 장안의 서쪽 馬嵬驛(마외역)으로 피신했다. 그러나 경호하던 현종의 군사들이 반란을 일으켜 양씨 일족 모두를 죽이라고 강요했다. 결국 양국충을 비롯한 일족들의 목이 베였고 양귀비는 스스로 마외역관 앞 배나무에 목을 매어 죽었다. 이때가 양귀비의 나이 38세였다. 9년간의 내란이 끝나 수도 장안으로 돌아온 현종은 양귀비의 화상을 보며 눈물로 세월을 보내게 된다.

훗날 수많은 시와 소설, 희곡에서 두 사람의 사랑이야기가 읊어졌다. 비운에 간 그녀를 이백은 활짝 핀 모란에 비유했고 白樂天(백락천)은 <長恨歌(장한가)>에서 현종이 양귀비와 보낸 정겨운 시절을 노래하고 있다. 장한가란 '오랜 슬픔의 노래'라는 뜻인데 그 내용은 다음과 같다.

> 헤어질 무렵, 간곡히 다시금 전할 말 부탁했는데
> 그 말에는 두 사람만이 아는 맹세의 말 있었네.
> 7월 7일 장생전에서
> 깊은 밤 사람들 모르게 한 약속
> 하늘에서는 比翼鳥(비익조)가 되기를 원하고
> 땅에서는 連理枝(연리지)가 되기를 원하네.
> 높은 하늘 넓은 땅 다할 때가 있건만
> 이들의 슬픈 사랑의 恨(한) 끝없이 계속되네.

이 시에는 사랑의 기쁨과 함께 홀로 남겨진 자가 살아 있는 한 품고 있어야 하는 외로움과 슬픔도 잘 드러난다. 전설에 따르면 중국의 남쪽

땅에는 비익조가 산다고 한다. 비익조는 눈도 날개도 한쪽에 하나밖에 없기 때문에 암수가 좌우 일체가 되어야 날 수 있는 새다. 즉 비익조는 '짝을 짓지 않으면 날지 못하는 새'인 것이다. 그리고 위의 시에 나오는 연리지는 '원래 다른 나무지만 서로 가지가 맞닿아 하나가 된 나무'를 말한다. 이렇게 천하절색 양귀비는 짧은 생을 마쳤지만, 비익조와 연리지에 비유될 만큼 현종과 양귀비의 사랑은 오랫동안 가송되었다.

## 9. 貂蟬(초선)

초선은 정사는 물론 소설 ≪三國志演義(삼국지연의)≫에도 등장하는 여인이다. 한말의 대신 王允(왕윤)이 董卓(동탁)과 呂布(여포) 사이를 이간질하기 위해 동탁에게 쓴 미인계의 여인이 바로 그녀였다. 왕윤은 동탁을 제거하려고 했지만 동탁에게는 1만 명의 군사로도 대적하기 힘든 용맹한 여포가 있어서 어쩔 수 없었다. 그래서 왕윤은 미녀 초선을 동탁에게 헌상해 동탁과 여포 사이를 이간질했다. 이렇게 초선은 두 사람을 이간질하는 데 성공했고 동탁은 제거되었다. 이런 계략이 성공한 뒤에 초선은 달에 왕윤의 무사기원을 빌었다. 그런데 때마침 구름이 달을 가렸고 왕윤은 "너무나도 아름다운 초선의 미모에 달도 부끄러워 구름 뒤로 숨어 버렸구나"라고 했다. 여기서 '달이 숨다'라는 閉月(폐월)이라는 말이 초선의 대명사가 되었다. 왕윤의 미인계는 이렇게 성공했지만 초선에게는 비극이 기다리고 있었다. 관우는 "이 여자는 화근덩어리이니 살려 둔다면 무슨 이득이 있겠습니까"라고 하여 초선은 죽음을 맞게 된다.
그런데 정사 ≪삼국지≫에는 초선이라는 이름은 나오지 않고 동탁의 '시비'라고만 되어 있다. "여포가 (동탁의) 시비와 사사로이 정을 통했다(布與卓侍婢私通)"는 대목이 그것이다. 여기서 '초선'이라는 이름은 ≪삼국지연의≫를 지은 나관중 또는 누군가에 의해 각색되어 삽입된 것임을 알 수 있다. 이 시비의 본명을 아는 이는 아무도 없었고, 따라서 초선은 실존하기는 했지만 초선이라는 이름은 허구라고 할 수 있다.

아무튼 동탁의 시비는 초선으로 가정되는데 정사 ≪삼국지≫와 그녀에 관한 기록들을 비교해 보면 다음과 같이 정리된다. 초선은 황제가 바뀐 뒤에도 궁에 남았으므로 후궁이 아닌 일반 궁녀였고, 중국의 4대 미인 가운데 실제로는 초선을 표현하는 말이었던 '달이 부끄러워 얼굴을 가릴' 정도로 아름답지는 않았을 것이다. 유목민족이었던 여포는 전장에 오래 있었고, 유목민족은 미모보다는 건강을 우선시하므로 그녀가 건강미인이었을 것으로 추정되는 것이다. 따라서 초선은 미모를 가졌겠지만, 중국의 4대 미인에 들 만큼의 경국지색은 아니었을 것이다. 또한 초선은 ≪삼국지연의≫에 나타난 모습처럼 유약하지 않았을 것이다. ≪삼국지연의≫에서 그녀는 동탁 소유의 시비로서 다른 남자와 정을 통한 일을 '죽을죄'라고 자복했지만 그것은 그녀가 여포와 사랑했기 때문에 죽음을 무릅쓰고 벌인 일 아닌가? 이는 여포도 마찬가지로 초선과는 서로 진정 사랑한 사이였을 것으로 보인다. 그러나 초선은 동탁과는 정을 통하지 않았을 것이다. 동탁의 애첩이었다면 감시의 눈길을 피하기 힘들었을 텐데, 그것까지 피해서 여포와 정을 통하는 일은 어려웠을 것이기 때문이다. 아무튼 초선은 자유연애를 실천한 정열적인 여인으로 볼 수 있다.

이상과 같이 고대 중국의 경국지색에 얽힌 이야기를 알아보았다. 중국에는 위에서 예로 든 미녀들 가운데 서시, 왕소군, 초선, 양귀비를 4대 미녀로 꼽아 왔다. 물론 초선의 경우는 옛사람들의 추측과는 달리 외모보다 건강미가 돋보이는 미인이었을 것으로 보인다. 아무튼 후세의 사람들은 나라를 기울게 한 책임을 이 미녀들에게 돌리고 나라를 기울게 한 미색(경국지색)이라며 그녀들을 비난했다. 그러나 모든 책임을 여성에게 돌리는 것은 역사적 사실에도 맞지 않을뿐더러 남성들의 편견이 다분히 작용한 것이다. 통치계급이 된 여성들이 포악한 황제와 더불어 수많은 백성들을 착취하는 데 일조한 적도 있지만 원래 이들은 황제의 노리개이자 피착취자로 출발한 것이었다. 따라서 나라를 기울게 한 책임은 전적으로 황음무도한 황제에게 돌려져야 할 것이다.

# 남은 이야기

毛澤東(모택동)이 '女人能頂半邊天(여성이 세계의 반을 짊어질 수 있
다)'고 한 만큼 세상의 반은 여자가 차지하고 있다. 필자가 중국에 있으
면서 느낀 것은 유달리 각선미가 좋은 여성이 많다는 사실이다. 특히 한
족의 하체가 길어 보이던데 그래서인지 우리와는 미인의 기준도 좀 다
른 것 같았다. 동서고금을 막론하고 미인의 기준에는 아무래도 얼굴이
가장 많이 작용한다. 한국사람 역시 대부분 얼굴에 집착하는 경향이 있
다. 이에 비해 일본인들은 巨乳女(거유녀)라는 말도 있듯이 우리보다는
가슴에 더 집착하고 중국에서는 각선미를 중시 여기는 경향이 있다. 중
국에 긴 다리와 날씬한 몸매를 가진 여자가 많은 것은 한족의 체형이 원
래 그렇기도 하지만 한국, 일본과 달리 서양인들처럼 주로 의자에 앉아
생활하는 전통 생활양식과도 깊은 관련이 있는 것 같다. 아이도 두 손으
로 앞으로 안아 키움으로써 O다리가 방지되고 각선미가 좋은 여성들이
많아졌을 것이다. 아이를 업어 키우는 한국은 다리가 八字(팔자)가 되어
다리로 향하는 영양분이 원활히 공급되지 못하고 그만큼 다리 발달이
뒤떨어질 수밖에 없는 것이다. 일본인들의 正坐(정좌)는 무릎 꿇고 앉는
것인데 다리 발달에 더 악영향을 미친다. 과거 일본인들의 키가 작았던
것은 정좌의 영향도 있지 않았을까?

그러나 최근 한류의 영향으로 아시아에서는 화장기 없던 일본 여인들
의 화장이 짙어지고, 중국도 한국과 일본 문화 등의 영향으로 양국의 미

인관을 추구하는 여인들이 증가되고 있다. 인지상정인지 모르지만 이 중 가장 잘 나가는 부러움의 대상은 얼굴에 집착하는 한국의 미인으로 보인다.

최근 중국 대도시에서는 혼전동거하는 커플이 대단히 많다. 일본만큼 은 아니지만 혼전동거가 우리보다 더 일상화되어 있는 것 같다. 신문매 체를 통해서 배우자 구인광고를 하는 경우가 나올 정도이다. 또 중국에 서는 이혼율이 급격히 증가하고 있다. 중국에서는 원래 결혼과 이혼이 관리의 대상이었으나 1994년에 혼인등기관리조례가 제정되었다. 2003 년에는 혼인등기조례로 개정되어 결혼과 이혼이 관리의 대상에서 제외 되었다. 이렇게 이혼 절차가 간소해짐에 따라 오히려 더 이혼을 조장하 는 결과가 나타났다. 우스갯소리지만 요즘 중국에서는 평화적 이혼(和 平離婚), 즉 별 다툼 없이 평화롭게 합의이혼하는 경우와 교양 있는 이 혼(文明離婚), 즉 이혼 후에도 친구처럼 지내는 경우 그리고 실험이혼 (試驗離婚), 합의 아래 별거해 본 뒤 이혼하는 세 가지 유형이 있다고 한 다. 이혼을 신청하면 한국은 최소 한 달 정도 조정기간을 두지만 중국은 10여 분 만에 판결이 나는 현실을 보아도 중국에서 이혼이 얼마나 쉬운 지 알 수 있다.

이에 따라 중국에는 이혼전문변호사, 이혼상담인, 사설탐정회사 등이 있을 정도로 거대한 이혼시장이 형성되어 있다. 요즘 상하이에는 매일 약 100쌍 정도가 이혼을 하는데 수년 전 밸런타인데이 때는 상하이 최초로 이혼클럽이 성황리에 오픈하기도 했다. 이 클럽은 일명 '돌싱(돌아온 싱 글)'이라는 이혼한 남녀들이 짝을 찾기 위해 모이는 사교모임이다.

어쩌면 한중일 가운데 결혼관의 변화가 가장 변화무쌍한 곳은 중국일 지도 모른다. 중국 대도시의 고소득 전문직 여성 사이에는 '제2의 가정' 이 하나의 트렌드라고 한다. 직장생활에 지친 여성이 기존의 가정 외에 직장 근처에 자신이 쉴 수 있는 공간을 하나 더 마련하는 것이다. 이것은 가정과 직장을 병행해야 하는 여성 직장인에게 긍정적인 변화를 가져줄 수 있지만 야근이 있는 날은 자연히 외박을 하게 되므로 새로운 거처가 불륜장소로 사용되는 경우도 생겨나고 있다.

중국에서는 또 다른 트렌드의 하나로 'AA제 가정'이라는 것이 등장했다. AA제란 부부가 모든 경제적 지출을 동등하게 부담하는, 전통적 가정과 좀 다른 가정의 형태이다. 여성의 경제력이 증대됨에 따라 나타난 형태지만 이것은 부부 사이의 평등과 독립을 도와주는 제도로서 금전적 불화를 방지할 수 있다는 측면에서 긍정적으로 보인다. 한편 능력있는 아내를 둔 중국 남성들 사이에서는 가정으로 회귀하려는 경향도 생겨나고 있다. 20~30대 화이트칼라 남성을 대상으로 조사한 결과, 46%가 재력 있는 여성을 선호하며 상하이에서는 73%의 남성들이 기꺼이 전업주부가 되겠다고 응답한 것이다.

자유연애가 금지된 과거와 달리 요즘 중국이나 한국의 결혼양상은 중매결혼에서 연애결혼으로 변해 왔다. 게다가 과거에는 이혼을 금기시했지만 최근에는 이혼이 급증하고 있다. 급격한 이혼율의 증가는 이미 사회문제가 된 지 오래다. 이를 여성의 사회적 지위가 향상되고 남녀 간의 사랑도 자유로워짐에 따라 일어난 자연스러운 현상으로 볼 수도 있겠지만 결코 바람직한 현상은 아니다.

필자가 '중국인의 성과 사랑'이라는 강의원고를 집필하기 시작한지도 7년이 지났다. 그 동안의 단상을 요약해 2010년 8월 26일에는 경북일보에 <중국여성의 성과 사랑>이라는 제목의 칼럼을 싣기도 했다. 이 칼럼의 내용은 본서 <이끄는 글>에 잘 나와있다. 그 동안의 세월에도 여성에 불평등한 사회의 법과 제도적 변화는 계속 개선되고 있다. 요즘 여성들은 대가 세다는 말을 들을 만큼 성차별에 맞서고 자신의 권익을 찾아 나서고 있다. 그러나 가족만큼 소중한 집단은 없으며, 가정의 소중함만은 손상받지 않고 지켜져야 하는 가치라는 것은 이 글을 마무리 짓는 필자의 생각이다.

김명석

고려대학교 중어중문학과 학사(1994)
고려대학교 대학원 중어중문학과 석사(1997)
中國 南京大學校 대학원 中文系 박사(2000)
고려대학교 대학원 중어중문학과 박사 후 연구과정(Post. Doc) 수료(2001)
KCU한국사이버대학교 중국학부 조교수(2003~2005)
위덕대학교 중국어학과 조교수(2005~ )

「역사 속 중국의 성문화」
「홍콩 대중문학에 나타난 홍콩인의 정체성 연구 ①-무협소설을 통한 金庸의 정체성 찾기」
「탈식민의 굴절된 렌즈에 갇힌 이야기-王家衛의 「2046」」
외 다수

중국인의
성과 사랑

초 판 인 쇄 | 2011년 2월 21일
초 판 발 행 | 2011년 2월 21일

지 은 이 | 김명석
펴 낸 이 | 채종준
펴 낸 곳 | 한국학술정보(주)
주        소 | 경기도 파주시 교하읍 문발리 파주출판문화정보산업단지 513-5
전        화 | 031) 908-3181(대표)
팩        스 | 031) 908-3189
홈 페 이 지 | http://ebook.kstudy.com
E - m a i l | 출판사업부 publish@kstudy.com
등        록 | 제일산-115호(2000. 6. 19)

ISBN        978-89-268-1930-2 03910 (Paper Book)
            978-89-268-1931-9 08910 (e-Book)